सेल्फ-हेल्प के 55 रहस्य

सेल्फ-हेल्प के 55 रहस्य

रेनू सैनी

प्रकाशक • **ज्ञान विज्ञान एजूकेयर**
3639, प्रथम तल
नेताजी सुभाष मार्ग, दरियागंज
नई दिल्ली–110002
संस्करण • 2025

पेपरबैक मूल्य • तीन सौ रुपए
मुद्रक • यश प्रिंटोग्राफिक्स, नोएडा

SELF-HELP KE 55 RAHASYA

by Smt. Renu Saini ₹ 300.00 (PB)

Published by **GYAN VIGYAN EDUCARE**
3639 Netaji Subhash Marg, Darya Ganj, New Delhi-110002
ISBN 978-93-88984-45-4

प्राक्कथन

कई बार जीवन में परेशानियाँ और असफलताएँ व्यक्ति को तनावग्रस्त कर देती हैं। तनाव, समस्याओं और परेशानियों का हल व्यक्ति बाहर ढूँढ़ने का प्रयत्न करते हैं, जबकि वास्तविकता में उनका हल व्यक्ति के स्वयं के अंतर्मन में ही होता है। बस इसके लिए आवश्यकता होती है इस बात की कि व्यक्ति तनावग्रस्त क्षणों में स्वयं को एकाग्र करने का प्रयत्न करे। चिंता और परेशानियों को दूर कर केवल स्वयं के साथ बात करे, अपने अंतर्मन से बातें करे और याद करे उन व्यक्तियों को, जिन्होंने बहुत बड़ी समस्याओं का सामना निर्भयतापूर्वक और आत्मविश्वास के साथ किया और बड़ी-से-बड़ी मुसीबतों को पराजित कर अपने लक्ष्य को प्राप्त किया। जब हर ओर अंधकार नजर आए, तिमिर रोशनी को दूर करने का प्रयास करे, ऐसे में अपने अंतर्मन में यह दोहराते रहना चाहिए कि अंधकार कितना भी गहरा और काला क्यों न हो, किंतु जब रोशनी की एक किरण भी उस तक पहुँचती है तो तिमिर का घेरा टूट जाता है और प्रकाश की किरणें अपने उजाले से चहुँ ओर उजाला कर देती हैं। ऐसी ही अंतर्मन की अनुभूतियाँ कहानियों के साथ यहाँ प्रस्तुत हैं। अंतर्मन की ये बातें हर व्यक्ति के अंदर उपस्थित हैं, बस उनको जाग्रत् करने की आवश्यकता है।

पाठकों को अंतर्मन की ये अनुभूतियाँ अपने साथ जोड़ने का एक सार्थक प्रयास है। यदि एक भी पाठक इन अनुभूतियों को अपने अंतर्मन में सजाकर अपने जीवन को सजाने का प्रयास करेगा तो निस्संदेह उसका जीवन तितलियों की तरह रंग-बिरंगा और सुंदर पुष्पों की खुशबू से महक उठेगा।

—रेनू सैनी

अनुक्रम

यह बचपन का सुंदर दौर

बचपन जीवन की स्वर्णिम अवस्था है। यह अवस्था ही व्यक्ति का भविष्य और उसकी नींव मजबूत करती है। वर्तमान समय में लोग अपने बच्चों के भविष्य के प्रति तो आशंकित हैं ही, साथ ही उन पर बच्चों को अच्छी परवरिश और अच्छा वातावरण प्रदान करने का दबाव भी है। कई माता-पिता अपने बच्चों को सर्वोत्तम देने के प्रयास में उनसे असल जिंदगी का स्वाद चखने के मौके छीन लेते हैं। यही कारण है कि आजकल के बच्चे बाल्यावस्था में ही झूठ व चालाकी जैसी बातें सीख जाते हैं, जबकि बालक अत्यंत भोले होते हैं, उनमें ईश्वर के दर्शन किए जाते हैं। गांधीजी तो बच्चों के लिए यहाँ तक कहते थे, "सत्य, अहिंसा का पाठ मैंने बालक से सीखा है।" बालक बचपन में बेहद मासूम और निष्कपट होता है। अपने परिवेश और परिवार से वह बातों को ग्रहण कर अपने मस्तिष्क में बैठाता रहता है।

एक बार एक महिला अपने पाँच वर्ष के बालक को एक महान् दार्शनिक के पास लेकर गई और बोली, "महोदय, मैं चाहती हूँ कि आप मेरे बच्चे को अच्छी शिक्षा प्रदान करें। इसलिए मैं इसको आपके पास लेकर आई हूँ।" बालक की ओर देखकर दार्शनिक बोले, "मैडम, मैं बालक को शिक्षा तो प्रदान कर दूँगा, किंतु आप इस बालक को मेरे पास पाँच वर्ष देर से लेकर आई हैं।" दार्शनिक की अजीबो-गरीब बात सुनकर महिला बोली, "महोदय, यह आप कैसी बातें कर रहे हैं। मैं इसे पाँच वर्ष देर से कैसे लाई हूँ? अभी तो यह कुल पाँच साल का ही है। अभी तो इसकी शिक्षा का समय शुरू हुआ है।" दार्शनिक बोले, "आप गलत कह रही हैं। बच्चे की शिक्षा का समय उसके जन्म के बाद से ही प्रारंभ हो जाता है। पाँच वर्ष में तो बालक घर के परिवेश, संस्कार और संस्कृति में रच-बस जाता है। इसलिए यदि बालक का भविष्य सुदृढ़ चाहते हो तो उसकी भाषा, व्यवहार और कार्यकलाप पर बचपन से ही ध्यान देना प्रारंभ कर दो। यदि बचपन की नींव मजबूत होगी तो बड़े होने पर वह स्वयं ही सफल हो जाएगा।" यह सुनकर महिला दंग रह गई।

बच्चों को पाल-पोसकर एक जिम्मेदार और ईमानदार नागरिक बनाना बड़ा दुष्कर कार्य है। जिम बिशप कहते हैं, "एक बच्चे को बड़ा करना कई मंजिलों वाली आसमान से बात करती इमारत बनाने के समान है। अगर शुरुआती कुछ मंजिलें सीध में न हों, तो कोई भी जान नहीं पाता, पर जब इमारत 18 या 20 मंजिला हो जाती है, तो हर कोई देख लेगा कि यह तिरछी है।" इसलिए बच्चों को एक अच्छे साँचे में ढालना बहुत जरूरी है। बच्चों पर दबाव डालकर उनकी कोमल भावनाओं को कुचलकर उन पर अपनी उम्मीदों के पंख लगाना उनके साथ ज्यादती करना है। गिगी ग्राहम त्वीविजियान का कहना है, "बच्चे पतंगों से बहुत ज्यादा अलग नहीं होते···उन्हें उड़ने के लिए बनाया गया है, लेकिन उन्हें हवा चाहिए—नीचे की ओर से वह आधार और मजबूती चाहिए, जो बिना शर्त के प्यार, प्रोत्साहन और प्रार्थना से ही मिलती है।" कई बार माता-पिता अपने बच्चे को सर्वश्रेष्ठ बनाने के चक्कर में इतने व्यस्त हो जाते हैं कि वे उस स्वर्णिम समय को गँवा देते हैं, जो बच्चे की नींव मजबूत करने में सशक्त भूमिका निभाता है। ऐसे में तीव्र बुद्धि का बच्चा भी पिछड़ सकता है। इसलिए बच्चों को आसमान में उड़ने के लिए, उनके मन में नई-नई कल्पनाएँ बनने के लिए उन्हें एक निश्चित अंतराल दिया जाना अनिवार्य है। हाँ, उनकी नजरों से बचकर उन पर नजर अवश्य रखी जा सकती है ताकि आप उनके सच्चे और अच्छे मार्गदर्शक बन सकें। आजकल बच्चे समय से पहले ही परिपक्व हो रहे हैं, क्योंकि उन्हें खेलने के लिए उतना समय ही नहीं मिलता है, जितना मिलना चाहिए। मोबाइल, कंप्यूटर व टेलीविजन के कार्टून चैनल ने बच्चों से उनकी उस प्राकृतिक हँसी और मासूमियत को छीन लिया है, जो हर बच्चे को प्राकृतिक रूप से मिलती है। बच्चे के जरा सा बड़े होते ही उसे आधुनिक गेजेट्स का प्रयोग करना सिखा दिया जाता है। अनेक माता-पिता ऐसा इसलिए करते हैं ताकि उनका बच्चा अन्य बच्चों की अपेक्षा गेजेट्स का प्रयोग करने में पिछड़ न जाए तो कुछ इसलिए भी करते हैं कि उनके पास समय का अभाव होता है। समय के अभाव की पूर्ति के लिए वे बच्चों को आकर्षक आधुनिक गेजेट्स व खिलौनों की आदत डाल देते हैं। यही आदत बड़े होने पर न सिर्फ बच्चों के स्वास्थ्य पर बुरा असर डालती है, बल्कि उन्हें बचपन के उस खूबसूरत दौर से भी वंचित कर देती है, जिसके लिए बचपन जाना जाता है।

बचपन जीवन का ऐसा खूबसूरत दौर है, जो जीवन में कभी लौट के नहीं आता। हर बड़ा व्यक्ति जीवन की आपाधापी में व्यस्त दिनचर्या के चलते कई बार स्वयं से ही यह सवाल अवश्य करता है कि काश! वह फिर से अपने उस बचपन में लौट जाता, जहाँ पर उसे सिर्फ खाने और खेलने से मतलब होता था। जिंदगी की

जरूरतें क्या होती हैं, उसे इनसे कुछ लेना-देना ही न होता था। जब हम स्वयं बार-बार बचपन की छाँव में लौटना चाहते हैं तो अपने बच्चों से उनका बचपन क्यों छीन लेना चाहते हैं? बच्चों के बचपन को महकने दो, उनकी कल्पनाओं को आसमान में उड़ने दो। बचपन साँस लेगा तो आज जिंदगी में अनेक ऐसे रंग भर जाएँगे, जो कहीं धुँधले हो चले हैं।

□

भावनाओं का जीवन में महत्त्व

जब से इस पृथ्वी पर प्राणी की उत्पत्ति हुई है, तभी से उसमें प्राकृतिक रूप से भावनाओं का समावेश भी रहा है। जब मानव के पास भाषा नहीं थी, तब वह मनोभावों और संकेतों के द्वारा ही अपना जीवनयापन करता था। भावनाओं के बिना किसी प्राणी की कल्पना की ही नहीं जा सकती। चाहे वह प्राणी जीव-जंतु, कीड़े-मकोड़े या फिर मानंव ही क्यों न हो? भावनाएँ और जीवन एक-दूसरे के पूरक हैं। जहाँ व्यक्ति मृत हुआ, वहीं उसकी भावनाएँ भी उसी के शरीर के साथ समाप्त हो जाती हैं और जब तक व्यक्ति जीवित रहता है, तब तक वह अपनी अनमोल भावनाओं का महत्त्व समझ ही नहीं पाता। भावनाओं के बल पर ही कोई व्यक्ति ऊँचाइयों तक पहुँच जाता है और कोई उम्र भर घिसटता रह जाता है।

इन्हीं भावनाओं के बारे में अपने विचार व्यक्त करते हुए स्वामी रामतीर्थ अपने जीवन की एक घटना बताते हुए कहते हैं कि एक बार मैंने देखा कि कुछ लोग एक स्थान पर मंदिर का निर्माण कर रहे थे। मंदिर का निर्माण मजदूर अपने-अपने स्वभावानुसार कर रहे थे। मुझमें जिज्ञासा उत्पन्न हुई और मैं उस ओर को निकल गया। मैंने एक ऐसे मजदूर को काम करते हुए देखा, जिसके जीवन में प्रसन्नता, उत्साह आदि जैसी भावनाओं का नामोनिशान ही नहीं था। वह हताश व निराश-सा काम कर रहा था और उसकी यही भावनाएँ उसके जीवन में उसके शब्दों के माध्यम से उजागर हो रही थीं। मैंने उससे पूछा, "भैया, क्या कर रहे हो?" तो वह मुझे घूरते हुए बोला, "क्यों, क्या तुम्हारी आँखें फूटी हुई हैं, तुम्हें मैं पत्थर तोड़ते हुए नहीं दिखाई दे रहा हूँ?" उसके इस जवाब पर मैंने कोई प्रतिक्रिया नहीं दी और मैं दूसरे मजदूर की ओर चल दिया। मैंने दूसरे मजदूर की भावनाओं को पढ़ने का प्रयास किया तो मुझे न वह बहुत प्रसन्न लगा और न ही बहुत उदास। मैंने उससे भी यही प्रश्न किया तो वह बोला, "भइया, मैं रोजी-रोटी कमाने के लिए काम कर रहा हूँ।" इसके बाद मैं एक तीसरे मजदूर के पास पहुँचा और उससे भी यही

प्रश्न किया। वह मजदूर काम करते हुए प्रसन्नता से कोई गीत गुनगुना रहा था। मेरे प्रश्न पर वह मुसकराकर बोला, "भइया, मुझे एक नेक काम में भागीदार बनने का सुनहरा अवसर प्राप्त हुआ है। मैं भी उसी अवसर का लाभ उठाकर मंदिर निर्माण में अपना योगदान दे रहा हूँ।" उसके जवाब से मेरे तन-मन को बेहद राहत मिली और मेरा चेहरा प्रसन्नता से खिल उठा, जबकि इससे पहले दो मजदूरों के जवाब पर पहले मजदूर के जवाब ने मेरे चेहरे पर तनाव की रेखाएँ लाने का प्रयास किया और दूसरे के जवाब से मुझे किसी भी भावना का आभास नहीं हुआ। इस प्रकार मैंने यह निष्कर्ष निकाला कि तीसरे मजदूर के अपने आसपास के सभी लोगों से अच्छे संबंध होंगे और वह हर हाल में अपने जीवन को खुश रखता होगा, जबकि पहलेवाले को इस बात का तनिक भी आभास नहीं है कि जीवन में भावनाओं का कितना महत्त्व होता है। सद्भावनाएँ न सिर्फ हमारे तन-मन को प्रफुल्लित कर देती हैं अपितु हमारे जीवन को भी वे सुगंधित पुष्पों की भाँति खिला देती हैं।

एक कहावत है कि 'सावन के अंधे को हरा-हरा सूझता है।' भावनाओं के संदर्भ में इसका तात्पर्य है कि जिसकी जैसी भावनाएँ होती हैं, उसको विश्व भी उसी के अनुसार लगता है। हमारी अपनी मनोदशा और भावनाओं पर ही संसार का रूप निर्भर करता है। प्रसन्नता से भरे मनुष्य को यह संसार सारमय और दुःखी को असारमय लगता है।

हमारी भावनाओं का जीवन के साथ ही हमारे शरीर पर भी असरदायक प्रभाव पड़ता है। प्रसन्नता, स्फूर्ति, उत्साह जैसे भावों से हमारे शरीर पर एक अद्‍भुत चमक आ जाती है, जबकि इसके विपरीत दुःख, शोक, करुणा आदि के भाव हमारे चेहरे पर उद्‍दीप्त होते ही चेहरे को मलिन बना देते हैं। किसी प्रियजन की मृत्यु, परीक्षा में भारी असफलता, बच्चे की बीमारी आदि की सूचना हमें विचलित कर ऐसा महसूस कराती है, जैसे कि हमारे सारे शरीर का रक्त किसी ने निचोड़ लिया हो या हमारा जीवन ही खत्म हो गया हो।

शोध से यह ज्ञात हुआ है कि दूषित भावनाओं; जैसे घृणा, ईर्ष्या, क्रोध आदि से चमड़ी के अनेक रोग, अपच, यकृत, हृदयरोग, मस्तिष्क रोग आदि पनपते हैं, यहाँ तक कि अनेक मानसिक बीमारियाँ भी तनाव, ईर्ष्या, क्रोध आदि से ही फलती-फूलती हैं और हमारे शरीर को विकृत कर देती हैं। मानव के शरीर में विभिन्न प्रकार की प्रतिक्रियाएँ मनोभावों के आधार पर ही होती हैं। इन्हीं भावनाओं का हमारे शरीर की रक्त संचार व्यवस्था और रक्त पर भी असर पड़ता है। जब मानव के मन-मस्तिष्क में दूषित भावनाएँ लहराती हैं, तो उसके शरीर में एक जहर-सा

फैल जाता है। यही जहर दिन-प्रतिदिन मानव के स्वास्थ्य पर प्रतिक्रियास्वरूप बुरा असर डालता है।

मनुष्य के रक्त में भावनाओं के कारण ही विभिन्न प्रकार के जीवाणु पनपते हैं। इसलिए जब मनुष्य की भावनाएँ उच्च कोटि की और कर्मठता से भरपूर होती हैं तो उसका शारीरिक विकास होने के साथ ही मानसिक विकास भी उच्च कोटि का होता है, जबकि दूषित भावनाएँ मनुष्य के बल और कर्मठता को पूरी तरह खत्म कर देती हैं।

यह भी सत्य है कि जीवन में हमारे साथ नौ रस भी जुड़े हुए हैं, जिनका रसास्वादन हमें करना ही पड़ता है, किंतु वर्तमान समय में तेजी से भागते हुए जीवन में हम बेवजह भी तनाव, ईर्ष्या, क्रोध, करुणा, उदासी आदि को अपने से चिपका लेते हैं और जीवन की उन्नति के द्वार पर ताला लगा देते हैं। इसलिए जीवन में प्रगति करने के लिए यह अत्यंत अनिवार्य है कि तनाव, ईर्ष्या, क्रोध, करुणा, उदासीरूपी ताले को जीवन में न लगाया जाए, बल्कि सत्य, प्रेम, उत्साह, प्रसन्नता, मुसकराहट आदि के मनोभावों के बीजों को अपने शरीर में इस कदर रोप लिया जाए कि बड़ी-से-बड़ी परेशानी और संकट का सामना भी हम सहजता से कर अपने जीवन को आगे बढ़ा सकें और उसे मझधार में डूबने के बजाय किनारे पर लाकर सबके सामने एक उदाहरण प्रस्तुत कर सकें।

□

हमेशा युवा बने रहें

एक फ्रांसीसी हकीम से किसी ने पूछा कि व्यक्ति उम्र बढ़ने के साथ-साथ बूढ़ा क्यों हो जाता है? क्या ऐसा कोई तरीका नहीं है, जिससे उम्र बढ़ने के साथ-साथ भी व्यक्ति युवा नजर आए और उसके चेहरे पर ताजगी बरकरार रहे? व्यक्ति की बात सुनकर हकीम मुसकरा दिए और बोले, "युवक! तुमने देखा है कि कुछ विरले लोग उम्र बढ़ने पर भी युवा और चुस्त नजर आते हैं, जबकि कुछ युवा युवावस्था में ही बूढ़े-से नजर आने लगते हैं। इसलिए युवावस्था को लंबे समय तक अपनी मुट्ठी में रखना व्यक्ति पर ही निर्भर करता है।" व्यक्ति यह सुनकर हैरानी से हकीम की ओर देखता रहा। यह देखकर हकीम उससे बोले, "क्या तुम यह नहीं जानना चाहोगे कि कुछ व्यक्ति युवावस्था में ही बूढ़े क्यों नजर आने लगते हैं?" हकीम की बात सुनकर व्यक्ति बोला, "अवश्य जानना चाहूँगा।" फिर हकीम बोले, "जल्दी बुढ़ापे का शिकार होने के पीछे तीन मुख्य वजहें हैं। पहली कि हम खुली और हवादार जगह में व्यायाम व योग नहीं करते। दूसरी, बहुत छोटे-छोटे कीटाणु, हमारे अंदर-ही-अंदर विष फैलाते रहते हैं, जिनको हमारा शरीर दुर्बलता के कारण मार नहीं पाता और तीसरी वजह है तनाव, चिंता व नकारात्मक विचार। ये सभी वजहें व्यक्ति को जल्दी ही बुढ़ापे के करीब ले जाकर मृत्यु के मुँह में धकेल देती हैं।"

व्यक्ति में समय के साथ-साथ शारीरिक विकास भी होने लगता है। बुढ़ापे में व्यक्ति का चेहरा बचपन के चेहरे से बिल्कुल अलग होता है। बचपन में जहाँ बालक का चेहरा साफ-सुथरा, सपाट, चिकना व दाग-धब्बोंरहित होता है, वहीं बुढ़ापे में चेहरे पर लकीरें, दाग-धब्बे, सिलवटें व निशान पड़ जाते हैं। बुढ़ापे के ये निशान वास्तव में चिंता, तनाव, ईर्ष्या, क्रोध, आलस, उदासीनता के निशान होते हैं। हम जितना ज्यादा इन निशानों को अपने व्यक्तित्व से चिपकाकर रखते हैं, उतनी ही जल्दी बुढ़ापे का शिकार हो जाते हैं।

इंग्लैंड के सुप्रसिद्ध दार्शनिक और विकास समस्या के आविष्कारक डार्विन

का कथन है, "बार-बार मुँह बनाने से चेहरा कुरूप हो जाता है, चेहरे के चिह्न परिवर्तित हो जाते हैं। आपके स्पर्धी की आँखें आपके चेहरे से आपके हार्दिक संकल्पों और हार्दिक दशा का पता लगा लेती हैं, यहाँ तक कि जो व्यक्ति सदा हँसता रहे, वह प्रसन्नचित्त बन जाता है। जो हर समय चिंतन करता रहे, वह चिंतक बन जाता है और जो व्यक्ति हर समय क्रोध व शोक करता रहे तो उसके चेहरे तथा आँखों से सदा क्रोध व शोक ही टपकता रहता है।" चेहरे पर आने-जाने वाले ये भाव आपके चेहरे की उम्र, आपकी वास्तविक उम्र से कहीं अधिक बढ़ा देते हैं। इसके विपरीत आप प्रसन्न रहें, सकारात्मक विचारों के साथ जीवन जिएँ, हँसते रहें, मुसकराते रहें, धैर्यवान बने रहें, काम में तन्मय होकर लगे रहें, समुचित व्यायाम करें, लोगों की निःस्वार्थ मदद करें व संतुलित आहार एवं पानी की पर्याप्त मात्रा सेवन करें तो बुढ़ापे की लकीरें आपके व्यक्तित्व पर दस्तक देते हुए भी डरेंगी।

एक सुप्रसिद्ध डॉक्टर का चिरकाल तथा युवावस्था को कायम रखने के बारे में तर्क है कि यदि व्यक्ति प्रकृति के नियमों का पालन करे, प्रतिदिन बारह गिलास पानी पिए, मौसमी फल व सब्जियाँ संतुलित मात्रा में ले, हल्का-फुल्का व्यायाम करे, भरपूर नींद ले और अपने कार्य व व्यवसाय में मन लगाकर प्रसन्नता से काम करे तो वह लंबे समय तक बुढ़ापे का शिकार नहीं हो सकता।

आलसी व्यक्ति को भी बुढ़ापा जल्दी ही अपनी चपेट में ले लेता है। इसलिए अपने शरीर को कभी भी आलस्य का घर न बनने दें। इससे शरीर में विषैले तत्त्व एकत्रित हो जाते हैं, जो शरीर को नुकसान पहुँचाते हैं। आलस्य के कारण व्यक्ति का मस्तिष्क, नाड़ीमंडल आदि बेकार हो जाते हैं। नकारात्मक विचार को कभी भी अपने आसपास न फटकने दें। आपने देखा भी होगा कि जो व्यक्ति हमेशा नकारात्मक विचारों से घिरा रहता है, उसे कोई भी पसंद नहीं करता। ऐसे व्यक्ति हर पल बेवजह की बातों से घबराते रहते हैं, यहाँ तक कि यदि उनके आसपास कोई व्यक्ति कैंसर, टी.बी, बुखार जैसी बीमारी से ग्रसित हो तो ऐसे व्यक्ति हर पल यही सोचते रहते हैं कि कहीं मुझे भी यह बीमारी न हो जाए। हर पल ऐसा सोचते-सोचते सचमुच ऐसे लोग बीमारी की गिरफ्त में आ जाते हैं।

अब आप ही बताइए कि जब नकारात्मक विचारों, चिंता व तनाव से लोग बीमार हो सकते हैं तो क्या सकारात्मक विचारों व प्रसन्नता के साए में वे बीमारी से दूर नहीं हो सकते। बिल्कुल हो सकते हैं। ऐसे कितने ही उदाहरण हैं, जिसमें लोगों ने अपनी इच्छाशक्ति के कारण असाध्य-से-असाध्य बीमारी को भी पराजित किया है। इसका ताजा उदाहरण सिने तारिका लिजा रे है।

अधिकतर सिने सितारे, खिलाड़ी व योग प्रशिक्षक आदि चिरकाल तक युवा नजर आते हैं तो इसलिए; क्योंकि वे अपने शरीर व मन की मंदिर की तरह देखभाल करते हैं। जिस प्रकार मंदिर की नियमित देखभाल करने से मंदिर की शोभा बरकरार रहती है, उसी प्रकार शरीर की नियमित देखभाल से भी व्यक्ति बुढ़ापे को मात दे सकता है।

यह कोई बहुत मुश्किल काम नहीं है। जब अनेक व्यक्ति बुढ़ापे को मात दे सकते हैं तो हम भी इसे मात दे सकते हैं। यह सकारात्मक सोच नेक विचारों के साथ अपनाइए और फिर देखिए कि आपके हाथ में सदा युवा रहने की चाबी कितनी आसानी से आ जाती है। बस इसके लिए जरूरत है कुछ बातों को सच्चे दिल से अपनाने की और उन्हें अपने जीवन में प्रतिदिन उतारने की।

□

मानसिक प्रशिक्षण से सँवारे स्वयं को

स्वामी रामकृष्ण परमहंस का कहना था, "जब तक मन अस्थिर और चंचल है, तब तक किसी को अच्छा गुरु और साधु लोगों की संगति मिल जाने पर भी कोई लाभ नहीं होता।" उन्होंने स्वयं को सँवारने के लिए अनेक मानसिक प्रशिक्षण किए। जिस तरह लोग तैराकी, घुड़सवारी, क्रिकेट, टेनिस आदि खेलने के लिए शारीरिक प्रशिक्षण प्राप्त करते हैं, उसी तरह मन को सोने-सा चमकाने के लिए भी मानसिक प्रशिक्षण की आवश्यकता होती है। जो लोग इस बात को जानते हैं, वे मानसिक प्रशिक्षण के द्वारा मन को वश में करना सीख जाते हैं और ऊँचाइयों को छू लेते हैं। श्री रामकृष्ण परमहंस प्रायः 'टाकामाटी' का अभ्यास किया करते थे। 'टाकामाटी' के अंतर्गत वे एक हाथ में रुपए लेते और दूसरे हाथ में मिट्‌टी। फिर दोनों हाथों को हवा में कई बार घुमाकर और 'टाकामाटी' कहकर रुपए और मिट्‌टी दोनों फेंक देते थे। इस प्रकार स्वामी परमहंस धन और मिट्‌टी दोनों को समान समझकर उसे त्यागने के लिए मानसिक अभ्यास करते थे।

जिस प्रकार तैराकी, घुड़सवारी, टेनिस आदि शारीरिक प्रशिक्षण प्राप्त करने में आरंभ में कठिनाइयाँ आती हैं, उसी प्रकार मानसिक प्रशिक्षण प्राप्त करने में भी अनेक कठिनाइयों का सामना करना पड़ता है। मन बार-बार विचलित होता रहता है, उठता है, फिसलता है। आखिरकार अंत में प्रतिदिन का प्रशिक्षण मन को अविचलित करने में कामयाब हो जाता है।

मानसिक प्रशिक्षण से तात्पर्य है मन को वश में रखना अर्थात् आप जिस समय जो काम कर रहे हैं, आपका मन पूरी तरह से केवल उसी काम में लगा रहना चाहिए। यदि आप पुस्तक पढ़ रहे हैं तो अपने संपूर्ण मन को पुस्तक की ओर केंद्रित करें। इससे पुस्तक में लिखी हुई बातें आपको सरलता से समझ आ जाएँगी। यदि आप व्यायाम कर रहे हैं तो उस समय व्यायाम पर ही मन केंद्रित हो। व्यायाम करते समय चिंता मन पर इस कदर हावी नहीं होनी चाहिए कि दाएँ हाथ की जगह बायाँ हाथ उठे।

बेमन से किए गए कार्य में कमियाँ रह जाती हैं। कई बार तो कार्य को दोबारा करना पड़ता है। कार्य को दोबारा करने की आवश्यकता ही न हो, इसलिए मानसिक प्रशिक्षण के द्वारा मन को सुदृढ़ बनाना बहुत जरूरी है।

मानसिक प्रशिक्षण के लिए यह अनिवार्य है कि प्रतिदिन मानसिक एकाग्रता का अभ्यास किया जाए। यह मानसिक एकाग्रता समय पर भी होनी चाहिए। जिस प्रकार किसी कोर्स या प्रशिक्षण के लिए एक निर्धारित समय होता है, उसी प्रकार मानसिक प्रशिक्षण का भी एक समय निर्धारित कर लेना चाहिए। सुबह का समय मानसिक प्रशिक्षण के लिए सर्वश्रेष्ठ है।

मानसिक प्रशिक्षण के अंतर्गत योग, विपश्यना मेडिटेशन, व्यायाम व एकाग्रता आते हैं। इन सभी में ध्यान-साधना पर बल दिया जाता है। ध्यान-साधना से यह समझ आ जाता है कि मन का सीधा संबंध साँसों से होता है। यदि आपका मन चंचल है तो साँसें भी चंचल होंगी। दोनों में से किसी एक पर भी काबू पा लिया जाए तो मन नियंत्रित हो जाता है। यदि चंचल साँसों की गति को नियंत्रित करना आ गया तो मन को नियंत्रित करना भी आ जाएगा।

मानसिक प्रशिक्षण के लिए मन आसानी से तैयार नहीं होता। बीच-बीच में आलस्य, आकांक्षाएँ, चिंताएँ मन को व्यथित करती रहती हैं। इन्हीं व्यवधानों से कार्य सर्वश्रेष्ठ नहीं हो पाता। इसलिए प्रतिदिन मन के लिए मानसिक प्रशिक्षण करना ही है, इसका संकल्प लेना अनिवार्य है। व्यायाम को दिनचर्या का अंग बनाने पर समय निकल ही आता है। एक बार व्यायाम दिनचर्या में शामिल हो जाए तो फिर उसके बिना दिन अधूरा लगने लगता है। इसी तरह मन के लिए भी मानसिक प्रशिक्षण प्रतिदिन किया जाए तो वह भी जीवन का अंग बन जाता है। यदि एक वर्ष तक भी मात्र दस या पंद्रह मिनट के लिए अपने अंतर्मन को प्रशिक्षित कर लिया जाए तो कुछ ही समय में उसके अविश्वसनीय व सकारात्मक परिणाम सामने आने लगते हैं, जो व्यक्ति को खुशी प्रदान करते हैं। सफलताएँ व खुशियाँ मन को प्रशिक्षित करने पर ही मिलती हैं। जीवन में समस्याओं और दुःखों का चोली-दामन का साथ है। उनसे पीछा मृत्यु के उपरांत ही छूट सकता है, किंतु दुःखों व पीड़ाओं पर विजय प्रशिक्षित मन से इसी जीवन में पाई जा सकती है। मन प्रशिक्षित हो जाए तो दुःख व पीड़ाएँ सहज व सरल लगने लगती हैं। उनके हल भी शांत मन से निकल आते हैं।

जिस प्रकार बूँद-बूँद से घड़ा भर जाता है, उसी प्रकार प्रतिदिन के अभ्यास से मन सँवर जाता है। यदि मन प्रशिक्षित हो गया तो फिर जीवन में कोई भी काम दुर्गम

नहीं लगता। शांत व स्थिर मन दुर्गम को सुगम करना सिखा देता है। इससे जीवन सिर्फ सहज ही नहीं होता, बल्कि कामयाब हो जाता है और ऐसी सफलताएँ जीवन का अंग बन जाती हैं, जो पूरे विश्व को स्तंभित कर देती हैं।

□

जीवन सुखी करता है त्रिगुण परीक्षण

जिंदगी में अधिकतर व्यक्ति व्यर्थ की बातें सुनकर नियंत्रण से बाहर हो जाते हैं और अकारण ही चिंता, तनाव उनके शरीर में घर कर जाते हैं, जो असमय ही व्यक्ति को न सिर्फ बीमार व बूढ़ा बना देते हैं, बल्कि कई बार तो उसे मृत्यु की गोद में सुला देते हैं। अकसर हमें हर कहीं यह सुनने को मिल जाता है कि जीवन में नकारात्मक विचारों को अपने अंदर प्रवेश नहीं करने देना चाहिए, हमेशा सद्‌गुणों को उभारने का प्रयास करना चाहिए, परोपकार करने को तैयार रहना चाहिए। नकारात्मक विचार व्यक्ति के अंदर न पनपें, इसके लिए क्या करें, इसी तरह सद्‌गुणों को उभारने के लिए क्या करें?

जीवन में सहज-सरल व सुलभ वस्तु सबको आकर्षित करती है। सच पर डटे रहना कठिन लगता है, झूठ व बेईमानी सरल प्रतीत होती है, किंतु क्या सच पर डटे रहना वाकई कठिन है और झूठ व बेईमानी को ओढ़ना बहुत सरल। अगर शांत चित्त से प्रत्येक व्यक्ति स्वयं ही इस बात का आकलन करे तो वह जान जाएगा कि सच बोलना न ही कठिन है और न ही मुश्किल और बेईमानी व झूठ का चोला ओढ़ना आसान नहीं अपितु बहुत मुश्किल है, लेकिन इसका उलटा हमें इसलिए प्रतीत होता है, क्योंकि कई बार सत्य व सद्‌गुणों का परिणाम हमें थोड़ी देर से मिलता है। जीवन को सद्‌गुणों व नेक कर्मों से परिपूर्ण बनाया जा सकता है। बस इसके लिए समय-समय पर जीवन में त्रिगुणों का परीक्षण करने की जरूरत है। ये त्रिगुण हैं—सत्य, अच्छाई और उपयोगिता। त्रिगुणों का पहला गुण सत्य है। यदि यही बात सत्य होगी तो निश्चित रूप से अच्छाई लिये भी होगी, क्योंकि सत्य चाहे कड़वा हो, लेकिन अच्छाई लिये हुए ही होता है। यह बात दूसरी है कि लोग उस समय सत्य व अच्छाई की शक्ति से परिचित नहीं हो पाते, लेकिन यदि एक बार जीवन में इन त्रिगुणों का परीक्षण गंभीरता से किया जाए तो व्यक्ति का जीवन सफल व सुखी बन जाएगा। त्रिगुण परीक्षणों को एक दार्शनिक ने अपने जीवन का महत्त्वपूर्ण अंग माना था।

उन्होंने जीवन में त्रिगुण परीक्षण के माध्यम से जीवन को सुखी बनाने का दृढ़ आधार प्रदान किया था। एक दिन दार्शनिक का एक परिचित उनके पास आकर उत्साह से कहता है, "आप जानते हैं, अभी-अभी मैंने आपके मित्र के बारे में क्या सुना ?" दार्शनिक अपनी तर्कशक्ति, ज्ञान और व्यवहार-कुशलता के लिए विख्यात थे। उन्होंने अपने परिचित से कहा, "आपकी बात मैं सुनूँ, इससे पहले मैं चाहूँगा कि आप त्रिगुण परीक्षण से गुजरें।" "त्रिगुण परीक्षण, यह क्या है ?" परिचित अचरज से बोला। परिचित का बोलने का अंदाज सुनकर दार्शनिक मुसकराए और बोले, "आप जो कुछ कहनेवाले हैं, उसे थोड़ा परख लें, थोड़ा छान लें। इसलिए परख और थोड़ा छानने को मैं त्रिगुण परीक्षण कहता हूँ। इसकी पहली कसौटी है सत्य। इस कसौटी के अनुसार यह जानना जरूरी है कि जो आप मुझे कहनेवाले हैं, क्या वह सत्य है ? जो आप मुझसे कहने जा रहे हैं, क्या आप खुद उसके बारे में अच्छी तरह से जानते हैं ?" दार्शनिक की बात सुनकर परिचित कुछ सोचते हुए बोला, "आप सही कह रहे हैं। जो कुछ मैं आपके मित्र के बारे में बतानेवाला हूँ, उससे मैं स्वयं परिचित नहीं हूँ, अपितु मैंने वह बात कहीं से सुनी है। मैंने खुद इस बात को परखा नहीं है कि वह बात सही है या गलत।" परिचित की बात सुनकर दार्शनिक बोले, "ठीक है। आपको यह ज्ञात नहीं है कि जो बात आप मुझे बताने जा रहे हैं, वह सत्य है अथवा असत्य। इसका अर्थ हुआ कि जिस बात के बारे में यह ही मालूम नहीं है कि वह सही भी है या नहीं तो उसके बारे में सही तथ्य जाने बिना चिंता करने या परेशान होने का कोई लाभ नहीं है। दूसरी कसौटी है अच्छाई। क्या आप मुझे मेरे मित्र की कोई अच्छाई बतानेवाले हैं ? या ऐसा कुछ बतानेवाले हैं, जिससे मेरे मित्र का हित होगा ?" यह सुनकर परिचित बोला, "नहीं।" इस पर दार्शनिक बोले, "जो आप मुझे बताने जा रहे हैं, वह न ही सत्य है, न ही अच्छा। अब तीसरा परीक्षण भी कर लेते हैं और वह है उपयोगिता। जो आप मुझे कहनेवाले हैं, क्या वह मेरे लिए या मित्र के लिए उपयोगी है ?" यह सुनकर मित्र बोला, "नहीं ऐसा तो नहीं है।" यह सुनकर दार्शनिक बोले, "जो बात आप मुझे बताना चाह रहे हैं, वह न सत्य है, न अच्छा और न ही मेरे लिए उपयोगी। फिर मैं उसे क्यों सुनूँ ?" व्यर्थ की बातें सुनकर मेरे मस्तिष्क में अच्छे-बुरे खयाल बनने लगेंगे, जो मुझे मेरे पथ से भ्रमित कर देंगे।" दार्शनिक की बातें सुनकर परिचित समझ गया कि अपने जीवन में त्रिगुण परीक्षण अमल में लाने के कारण ही दार्शनिक दूरदर्शी, महान्, बुद्धिजीवी व कौशल से भरपूर हैं।

त्रिगुण परीक्षण हर साधारण व्यक्ति कर सकता है। यदि वह सत्य, अच्छाई और उपयोगिता को ध्यान में रखकर काम करेगा तो निश्चित ही उसे सफलता के

साथ-साथ मानसिक व आत्मिक संतुष्टि भी प्राप्त होगी, जो उसके जीवन को एक नई दिशा देगी।

मनुष्य के रूप में प्रसिद्ध महान् विभूतियाँ अलग नहीं होतीं अपितु हम जैसे लोगों के बीच में से ही होती हैं। हाँ, यह अवश्य है कि वे त्रिगुण परीक्षण से परिचित होती हैं और समय-समय पर त्रिगुण परीक्षण करके अपने जीवन को महान् बना लेती हैं।

□

काम के आनंद में छिपा सेहत का राज

आजकल लोग अपनी सेहत के प्रति जागरूक हुए हैं। स्वयं को फिट रखने के लिए लोग जिम, हेल्थ क्लब, योग व व्यायाम आदि का सहारा ले रहे हैं, लेकिन फिर भी असंख्य लोग युवावस्था में हार्ट अटैक, कैंसर, शुगर, ब्लड प्रेशर आदि की चपेट में आकर काल के गाल में समा रहे हैं। अधिकतर लोग सेहत को दुरुस्त रखने के लिए विशेष आहार, जॉगिंग, हेल्थ क्ल्ब आदि की फीस पर खूब खर्च करते हैं, छुट्टियों पर जाने, स्वयं अच्छा दिखने, बेहतर सोने और जीवन को लंबा करने की कोशिशों पर भी खुले दिल से खर्च करते हैं, लेकिन फिर भी उनमें से कुछ ही लोग अस्सी वर्ष की आयु को पार कर पाते हैं। ऐसा क्यों?

एक बहुत पुरानी कथा है कि बहुत पहले काशी में धर्मपाल नाम का एक सदाचारी ब्राह्मण रहता था। उसने अपने पुत्र मृत्युंजय को शिक्षा के लिए तक्षशिला भेजा। पुत्र भी पिता की भाँति सदाचार के यम-नियमों में बँधकर जीवनयापन करनेवाला युवक था। तक्षशिला में गुरु समेत सभी शिष्य उसके सदाचार, चरित्र और नियमों की प्रशंसा करते थे। एक दिन तक्षशिला में एक नौजवान शिष्य की अकाल मृत्यु हो गई। सभी शिष्य शोक में डूब गए। मृत्युंजय को जब शिष्य की अकाल मृत्यु का पता चला तो वह दंग रह गया और बोला, "यह अकाल मृत्यु क्या होती है?" मृत्युंजय के मुँह से यह सुनकर एक शिष्य बोला, "अरे, तुम्हें अकाल मृत्यु नहीं मालूम! समय से पहले अर्थात् जवानी में ही मृत्यु हो जाना अकाल मृत्यु कहलाती है।" मृत्युंजय बोला, "ऐसा हो ही नहीं सकता। हमारे परिवार में तो सौ साल पूरे करने पर ही मृत्यु होती है, फिर हमारा साथी अकाल मृत्यु को कैसे प्राप्त हो गया?" उसकी विचित्र बात सुनकर सभी शिष्य हैरान हो गए। उन्होंने आचार्य को मृत्युंजय की अजीबोगरीब बात बताई तो आचार्य ने मृत्युंजय की बात की सत्यता को जाँचने का निश्चय किया। वहाँ पहुँचने पर जब उन्होंने मृत्युजंय के पिता से बात की तो वह बोले, "मेरा बेटा

बिल्कुल सही कहता है। हमारे यहाँ जवानी में व अकाल मृत्यु होती ही नहीं है। उसका सबसे बड़ा कारण यह है कि मेरे परिवार में सभी व्यक्ति काम को आनंद के साथ करते हैं। इससे उनके अंदर आलस्य, ईर्ष्या, तनाव और चिंता जैसे भाव उभर ही नहीं पाते। फलस्वरूप उनका स्वास्थ्य ताउम्र अच्छा बना रहता है और इसी तरह मेरे परिवार के सभी लोग लगभग सौ वर्ष का लंबा जीवन आनंद के साथ जीते हैं।" दीर्घायु का यह रहस्य जानकर आचार्य प्रसन्न मन से तक्षशिला लौट आए।

एक केवल आनंद के साथ काम करने से व्यक्ति को लंबा व स्वस्थ जीवन मिल सकता है, क्योंकि काम को आनंद से करने से व्यक्ति उन बीमारियों से बचा रह सकता है, जिनसे बचने के लिए वह स्वयं पर मोटी रकम खर्च करता है। व्यक्ति आनंद से काम करने के कारण लंबा जीवन, सुख-संपत्ति व यश, सभी कुछ प्राप्त कर सकता है। एडीसन, बेल और फोर्ड जैसे लोग अपने काम में आनंद लेने के कारण न सिर्फ अमेरिका के शीर्षस्थ बिजनेसमैनों की सूची में टॉप पर रहे, अपितु इन सबकी मृत्यु की औसत आयु अठासी वर्ष थी। है न हैरानी की बात! इन्होंने अपने समय में हेल्थ क्लब व जिम जाए बिना ही एक अच्छा और लंबा जीवन जिया। इसकी तह में उनका अपने काम को आनंदपूर्वक करना ही सर्वप्रमुख था। यदि काम को आनंद के साथ पूरी निष्ठा और समर्पण से किया जाए तो काम सफल तो होता ही है, साथ ही वह व्यक्ति के जीवन के अनेक साल भी बढ़ा देता है, जबकि जो लोग हर वक्त काम को देखकर चिंता, तनाव पाल लेते हैं, उन्हें व्यायाम, जिम व हेल्थ क्लब भी फिट नहीं रख पाते और वर्तमान समय में युवावस्था में पनप रही संगीन बीमारियाँ इस बात का सशक्त उदाहरण हैं। वर्तमान में लोग सेहत पर तो ध्यान देते हैं, लेकिन काम को बोझ मानते हुए उसे चिंताग्रस्त होकर करते हैं। इससे न ही उन्हें अपने काम के सकारात्मक परिणाम मिलते हैं और न ही एक लंबा व स्वस्थ जीवन।

काम को आनंद के साथ करनेवालों में अनेक महान् शख्सियत शामिल हैं। राजनेता विंस्टन चर्चिल भी इनमें से एक हैं। उन्होंने बहुत कठिन समय में ब्रिटेन का नेतृत्व किया था। उनके बारे में अगर यह कहा जाए कि उन्होंने अच्छी सेहत के सारे नियमों की अवहेलना की, केवल उस एक नियम के, जिसकी अकसर हम अवहेलना करते हैं अर्थात् उन्होंने अपने काम का आनंद लिया तो कोई अतिशयोक्ति नहीं होगी। विंस्टन चर्चिल ने एक स्वस्थ व लंबा जीवन जिया। उनकी मृत्यु 91 वर्ष की आयु में हुई थी।

काम को आनंद से करने के साथ-साथ व्यक्ति काम करने का भरपूर आनंद तो लेता ही है, इसके अलावा वह तनाव और अनेक बीमारियों को भी हरा देता है। काम के आनंद में मगन लोगों से बीमारियाँ भी डरती हैं।

आज योग, व्यायाम, जिम, पौष्टिक आहार आदि पर बल दिया जा रहा है। यह एक अच्छी बात है, लेकिन अगर इसके साथ-साथ इस बात पर भी ध्यान दिया जाए कि काम को आनंद के साथ-साथ किया जाए तो व्यक्ति कामयाबी के शिखर पर पहुँच जाएगा और अपने जीवन में अच्छी सेहत व लंबे जीवन के साथ संतुष्टि का अनुभव करेगा।

□

उत्साह से ही सफल होता है काम

जिंदगी में उत्साह एवं मुसकराहट का होना बहुत जरूरी है। उत्साह बिगड़ते हुए काम को भी बना देता है, वहीं उदासीन और थका हुआ चेहरा बने-बनाए काम को बिगाड़ने में महत्त्वपूर्ण भूमिका निभाता है। आज धैर्य व सहनशीलता की कमी होने के कारण हम असफलता का कारण इधर-उधर खोजते रहते हैं और जीवनभर परेशान रहते हैं, जबकि असलियत यह है कि असफलता का कारण हमारे स्वयं के अंदर छिपा हुआ है। हम उसे जानकर भी अनजान बने रहते हैं। इसी से संबंधित एक घटना है कि एक दार्शनिक किसी काम से बाहर जा रहे थे। रास्ते में उन्होंने एक टैक्सी को रोका और उसे गंतव्य स्थल तक चलने को कहा। टैक्सी में बैठने के बाद दार्शनिक ने टैक्सीवाले की उदासीन-सी शक्ल और बुझा-सा चेहरा देखते हुए पूछा, "क्यों भाई, बीमार हो ?" यह सुनकर टैक्सीवाला बोला, "सर, क्या आप डॉक्टर हैं ?" दार्शनिक ने जवाब दिया, "नहीं, दरअसल तुम्हारा चेहरा तुम्हें थका हुआ और बीमार बता रहा है।" इस पर टैक्सीवाला ठंडी आह भरते हुए बोला, "हाँ सर, आजकल मेरी पीठ में दर्द रहता है।" उम्र पूछने पर वह बोला, "छब्बीस वर्ष।" यह सुनकर दार्शनिक ने कहा, "इतनी कम उम्र में पीठ दर्द। यह तो मात्र व्यायाम से बिना दवा के ही ठीक हो सकता है।" इसके बाद वे बोले, "क्यों भाई, क्या आजकल धंधे में भी कड़की चल रही है ?" इस पर टैक्सीवाला बोला, "साहब, आपको मेरे बारे में सबकुछ कैसे पता है, क्या आप कोई ज्योतिषी हैं ?" दार्शनिक मुसकराते हुए बोले, "भैया, मैं कोई ज्योतिषी नहीं हूँ, लेकिन तुम्हारे बारे में मैं ही क्या, कोई भी ये बातें तुम्हें बता देगा, जो मैं कह रहा हूँ।" इस पर टैक्सीवाला हैरान होकर बोला, "भला ऐसे-कैसे कोई भी मेरे बारे में सबकुछ बता देगा ?" इस पर दार्शनिक बोले, "जब तुम हर वक्त बुझे और निस्तेज चेहरे से सवारियों का स्वागत करोगे तो भला कौन तुम्हारी टैक्सी में बैठना चाहेगा ? इस तरह तुम्हारी आमदनी अपने आप ही कम हो जाएगी। आमदनी कम होने

से तुम्हें गुस्से के साथ-साथ सुस्ती व आलस का अहसास होगा।" ये सारी बातें सुनकर टैक्सीवाला सोते से जगा और बोला, "बस सर, आज आपने मुझे मेरी गलती का अहसास करा दिया। आज से ही मैं अपनी इन कमियों को दूर करके अपने अंदर उत्साह का संचार करूँगा।" इसके बाद कई दिन बीत गए। लगभग चार-पाँच वर्षों बाद एक दिन एक सज्जन ने उन दार्शनिक की पीठ पर हाथ रखते हुए मुसकरा कर कहा, "सर, कैसे हैं?" दार्शनिक बोले, "ठीक हूँ बेटा, पर मैंने तुम्हें पहचाना नहीं।" इस पर वे सज्जन बोले, "सर, मैं वही टैक्सीवाला हूँ, जिसे आपने उत्साह एवं मुसकराहट का पाठ पढ़ाया था। आज आपकी शिक्षा के कारण ही मेरी बारह टैक्सियाँ किराए पर चल रही हैं और मेरा व्यवसाय फल-फूल रहा है। अब मैं भी हर उदासीन व्यक्ति को उत्साह के साथ मुसकराते हुए काम करने की सलाह देता हूँ।" सज्जन की बात पर दार्शनिक बोले, "बेटा, यह बिल्कुल सत्य है कि उत्साह से इनसान बहुत जल्दी कार्य पूरा कर सफलता अर्जित कर लेता है।"

काम कठिन हो या सरल, किंतु अगर उसे उत्साह के साथ मुसकराते हुए किया जाए तो वह न केवल समय से पहले पूरा होता है, अपितु बहुत ही सर्वश्रेष्ठ तरीके से अपने अंजाम तक पहुँचता है। हम अपने जीवन में अकसर इस बात को बहुत गहनता से महसूस करते हैं। कई बार जब हमारा काम करने का दिल नहीं होता अथवा हम उस काम को करते हुए उत्साह नहीं दिखाते तो वह काम अत्यंत कठिन और बोरियत भरा लगता है। काम की इच्छा न होने पर व काम करते समय ईर्ष्या, क्रोध व तनाव जैसे आवेग कार्य के मार्ग में अनेक बाधाएँ खड़ी कर देते हैं, वहीं उत्साह, मुसकराहट, प्रेम आदि के भाव कार्य को सहज-सरल बना देते हैं। इतना ही नहीं, कार्य में उत्साह बनाए रखने पर अनेक काम निपटाए जा सकते हैं।

कई लोग अपने जीवन में उच्च पद प्राप्त कर लेते हैं, जबकि कई साधारण नौकरी व व्यवसाय तक ही पहुँच पाते हैं। इसके पीछे भी यही कारण है कि जो लोग जीवन में उच्च स्थान प्राप्त नहीं कर पाते या एक तय मंजिल तक नहीं पहुँच पाते तो उनमें उत्साह का अभाव होता है। यदि व्यक्ति प्रत्येक सुबह उठते ही स्वयं के अंदर उत्साह का संचार करे और मन में यह दृढ़ निश्चय करे कि आज का दिन उसके लिए अत्यंत शुभ है और आज वह अपने अनेक महत्त्वपूर्ण कार्यों को पूरा करेगा तो वास्तव में वह ऐसा कर लेगा। उत्साह से व्यक्ति सफलता की ऊँचाइयों को छू सकता है और पूरे विश्व को अपने कदमों में झुकने को मजबूर कर सकता है। बस

शर्त यही है कि किसी भी कीमत पर मन से उत्साह की भावना ठंडी नहीं पड़नी चाहिए। हर दिन मन में उत्साह जीवित रहना चाहिए। ऐसा होने पर असफलता व बीमारी भी आपको नहीं तोड़ पाएगी और उत्साह की ज्योति आपको आपकी मंजिल तक ले जाएगी।

□

पुरुषार्थ का हीरा

इस जीवन में लगभग सभी वस्तुओं की कीमत है। सोने-चाँदी, लोहा-ताँबा जैसी धातुओं का उनके उपयोग के अनुसार मोल है। इसके साथ ही हमारे इस मनुष्य जीवन में अनेक बातें और वस्तुएँ ऐसी हैं, जो अनमोल हैं और उनकी कीमत लगानी असंभव है। हमारे शरीर का एक-एक अंग बेशकीमती है। हमें यह ज्ञात होना चाहिए कि हम अत्यंत सौभाग्यशाली हैं, जो मनुष्य योनि में जन्म लेकर पृथ्वी पर उत्पन्न हुए हैं। अधिकतर मनुष्य इस बात को जानकर भी अज्ञानी और अनजान बने रहते हैं। वे अपना अधिकतर समय व्यर्थ की बातों में और लड़ाई-झगड़े में व्यर्थ गँवा देते हैं। इस जीवन में पुरुषार्थ से कर्म कर प्रत्येक व्यक्ति अपने जन्म को सफल बना सकता है। यदि बचपन से ही पुरुषार्थ की आदत व्यक्ति में पड़ जाए तो उसके लिए जीवन में आनेवाली परेशानियाँ, समस्याएँ और तनाव ऐसी पहेली बन जाते हैं, जिन्हें वह पुरुषार्थ के बल पर आसानी से हल कर सकता है। पुरुषार्थी व्यक्ति वृद्धावस्था में भी पुरुषार्थ को नहीं छोड़ता।

एक राजा बहुत ईमानदार, नेक दिल व कुशल शासक था। उसकी प्रजा उसके शासन में बहुत खुश थी। राजा भी अपनी प्रजा की संतुष्टि के लिए हरसंभव कोशिश करता था। वह वेश बदलकर अपनी प्रजा के दुःख-दर्द सुनकर उन्हें दूर करता था। एक दिन ऐसे ही वेश बदलकर वह अपनी प्रजा का हालचाल जानने के लिए राज्य में घूम रहा था। घूमते-घूमते वह राज्य के घने जंगलों तक पहुँच गया। जंगल में उसने देखा कि एक बूढ़ा लकड़हारा पसीने से लथपथ लकड़ियाँ काट रहा है। वह वहाँ तक गया तो उसने देखा कि लकड़हारे के पास ही स्थित एक चट्टान से तेज रोशनी फूट रही है। राजा ने पास जाकर देखा तो वह यह देखकर दंग रह गया कि जिस जगह से रोशनी फूट रही थी, वहाँ पर बेशुमार हीरे दबे हुए थे और लकड़हारे को उन हीरों से कोई मतलब नहीं था। वह इन सबसे बेखबर अपने काम में लगा हुआ था। यह देखकर राजा लकड़हारे के पास जाकर बोला, "बाबा, आपके नजदीक ही एक चट्टान में असंख्य हीरे धँसे पड़े हैं और उनकी

रोशनी यहाँ तक भी पहुँच रही है। क्या आपको इन हीरों की जानकारी नहीं है। यदि आप इनमें से एक हीरा भी निकालकर बेच दें तो आप आजीवन बिना मेहनत करे अच्छे-से अच्छा खा-पीकर अपना जीवन गुजार सकते हैं।" राजा की बात पर लकड़हारा विनम्रता से बोला, "बेटा, ये हीरे मैं बरसों से यहाँ देख रहा हूँ, पर जब ईश्वर ने मुझे मेरे हाथ-पैर रूपी सजीव हीरे दिए हैं तो मैं बिना पुरुषार्थ करे इन बेजान हीरों की मदद से अपना जीवनयापन क्यों करूँ? इन हीरों की मदद से मैं आलसी हो जाऊँगा, जिससे मेरे हाथ-पैर बेकार हो जाएँगे, साथ ही मुझे असंख्य बीमारियाँ घेर लेंगी। ऐसे में लाखों बेजान हीरे भी मेरी बीमारी को दूर नहीं कर पाएँगे। बीमारी को दूर भगाने का सबसे सस्ता व सबसे उत्तम तरीका पुरुषार्थ है। पुरुषार्थ ही मानव को स्वस्थ, सुखी व लंबी आयु प्रदान करता है। वास्तव में पुरुषार्थ ही असली हीरा है।" राजा लकड़हारे के मुँह से ऐसी बातें सुनकर उसके सामने नतमस्तक हो गया।

पुरुषार्थ एक ऐसा हीरा है, जिसका जितना अधिक उपयोग किया जाए, उसकी चमक और कीमत उतनी ही अधिक बढ़ती जाती है। पुरुषार्थी व्यक्ति बीमारियों से भी बचा रहता है और उसके मस्तिष्क में सद्विचार और सकारात्मक बातें ही आती हैं, जिनसे वह अपने जीवन में ऊँचाइयों को प्राप्त करता है। पुरुषार्थी व्यक्ति कर्मठ होता है। वह अपने सारे कार्य तो स्वयं करता ही है, इसके साथ ही अपने परिवार, पड़ोस और समाज के भी असंख्य कार्यों को करता है। ऐसा व्यक्ति सबका प्रिय बन जाता है। इसलिए पुरुषार्थ को सच्चा और असली हीरा माना गया है। व्यक्ति पुरुषार्थ के मार्ग पर चलकर ही बड़ी-से-बड़ी परेशानी को पराजित कर सकता है और विश्व को अपने कदमों में झुका सकता है। यदि व्यक्ति पुरुषार्थी है तो बड़ी-से-बड़ी मुश्किल भी उसके सामने हार मान जाती है। योग्यता और सफलता पुरुषार्थी व्यक्ति के हाथ में बस जाती हैं। वैज्ञानिकों का कहना है, "न्यूरोट्रांसमीटर डोपामाइन, जो दिमाग के मिजोलिंबिक पाथवे और न्यूक्लियस एक्यूम्बेंस हिस्से में काम करते हैं, वे पुरुषार्थी इनसान में खुशी के उत्पादन का कारण होते हैं।" खुशी के भाव को हर व्यक्ति अपने अंदर उत्पन्न कर सकता है। इसके लिए प्रत्येक व्यक्ति के अंदर बस पुरुषार्थ होना जरूरी है। पुरुषार्थ के बल पर व्यक्ति हर असंभव परिस्थिति को सहज बना लेता है और दुःखी व तनावपूर्ण परिवेश में भी खुश रहता है। यूनिवर्सिटी ऑफ इलिनॉइस के शोधकर्ता और मनोवैज्ञानिक एंड डेनियर का मानना है, "पुरुषार्थ के माध्यम से व्यक्ति के अंदर उत्पन्न होनेवाली शक्तियों और विशेषताओं की पूँजी को इकट्ठा

करके खुशी को न सिर्फ उत्पन्न किया जा सकता है, बल्कि उसकी मात्रा को बढ़ाया भी जा सकता है।" इसलिए पुरुषार्थ के इस हीरे को प्रत्येक व्यक्ति को चमकाते रहना चाहिए। ऐसा करने से इसकी कीमत बढ़ती है और व्यक्ति का जन्म सार्थक होता है।

□

हिम्मत से करें तूफान का सामना

अकसर व्यक्ति अपने जीवन में सफलता, यश, धन, मान-सम्मान सभी कुछ चाहते हैं, लेकिन इसके साथ ही वे यह भी चाहते हैं कि उन्हें यह सब बिना प्रयत्न किए मिल जाए। जीवन में कभी भी किसी को बिना प्रयत्न किए कुछ नहीं मिलता। आज जिन प्रसिद्ध व्यक्तियों की मिसाल हमारे सामने है, उन्होंने भी सफलता पाने के लिए कड़ी मेहनत और चुनौतियों का सामना किया है। लोग स्वयं को एक खोल में छिपे रहने देना चाहते हैं। उन्हें लगता है कि वे अपने जीवन में कभी तूफान को देखें ही न, क्योंकि तूफान उन्हें जान-माल की हानि पहुँचाएगा। यह तूफान का सामना न करना ही व्यक्ति को उसके लक्ष्य से दूर पहुँचा देता है। व्यक्ति जितना अधिक कर्मठ, ईमानदार, समझदार होता है, वह चुनौतियों का सामना भी उतनी ही कुशलता से करता है। मानव जीवन में आनेवाले तूफान चुनौतियाँ ही तो हैं। इन चुनौतियों से भागकर छिपनेवाले हाथ आए अवसर को भी गँवा देते हैं। वहीं चुनौती और तूफान का डटकर मुकाबला करनेवाले तूफान की गहराइयों में जाकर अवसर को अपना दास बना लेने से भी नहीं हिचकते।

एक जमींदार के बहुत सारे खेत थे। उनमें से उसका एक बड़ा खेत समुद्र के किनारे पर था। वहाँ पर उसने खेती के साथ-साथ पशु भी रखे हुए थे। उसके सभी खेतों में लोग काम करते थे। केवल समुद्र के किनारेवाले खेत पर जमींदार को स्वयं काम करना पड़ता था, क्योंकि वहाँ पर आने से लोग कतराते थे। लोगों का कहना था कि खेत समुद्र के समीप है और समुद्र में अकसर तूफान आते रहते हैं। ऐसे में वहाँ पर काम करने से उन्हें जान-माल की हानि हो सकती है। एक दिन जमींदार बीमार पड़ गया। उसने समुद्र के समीप खेत पर काम करने के लिए अनेक लोगों से कहा, लेकिन सभी ने उसका प्रस्ताव अस्वीकार कर दिया। एक दिन साधारण सी कद-काठी का युवक वहाँ पर आया। उसने जमींदार के समुद्र के समीप खेत में काम करने की इच्छा जताई। उस युवक को देखकर

जमींदार बोला, "भाई, मेरे यहाँ सबने यह कहकर काम करने से मना कर दिया कि समुद्र में बहुत तूफान आते हैं। यहाँ जान-माल का खतरा है, तो फिर तुम मेरे यहाँ क्यों काम करना चाहते हो?" इस पर युवक बोला, "क्योंकि मैं तूफान का सामना करने से नहीं डरता। जब तूफान आता है तो वह मुझे बिना कोई नुकसान पहुँचाए चला जाता है, मैं उससे क्यों डरूँ?" जमींदार उसकी निडरता देखकर खुश हुआ और उसे अपने काम पर रख लिया। वह युवक मेहनत से काम करने लगा। अब जमींदार भी स्वस्थ हो गया था, लेकिन यह देखकर कि युवक ने अत्यंत कुशलता से समुद्र के समीप के खेतों के सभी कामों को सँभाल लिया है, वह अन्य कामों में व्यस्त हो गया। एक दिन भारी तूफान आया। यह देखकर जमींदार घबराकर समुद्र तट की ओर दौड़ा। वहाँ पर युवक खेत के साथ ही उसके जानवरों की देखभाल भी करता था। जमींदार समझ गया कि युवक के साथ ही आज उसके खेत, जानवर सभी कुछ नष्ट हो जाएँगे। वह जैसे ही अपने खेत और जानवरों के बाड़े के समीप पहुँचा तो यह देखकर दंग रह गया कि युवक आराम से सो रहा था। जानवर अपने बाड़े में सुरक्षित थे। उनके दरवाजों को कसकर बंद किया गया था। शटर भी बंद था। युवक ने तूफान से बचने के उपाय पहले ही कर रखे थे। तूफान आया, लेकिन युवक, खेत और पशुओं को नुकसान पहुँचाए बिना चला गया। यह देखकर जमींदार समझ गया कि साधारण सा युवक अत्यंत चतुर है। वह जानता है कि जीवन में समझदारी और चुतराई से हर तूफान का सामना करके उसे पराजित किया जा सकता है। युवक की हिम्मत और मेहनत देखकर जमींदार ने उस युवक को प्रबंधक के पद पर नियुक्त कर दिया।

जो लोग चुनौतियों का मुकाबला करने से डरते हैं, वे वैज्ञानिक व मानसिक रूप से भी कमजोर रहते हैं। मनोवैज्ञानिकों का कहना है कि चुनौतियों का सामना करने से शरीर में कई मनोवैज्ञानिक व शारीरिक परिवर्तन होते हैं। मानव शरीर में ऑटोनॉमिक नर्वस सिस्टम और एड्रीनल ग्लैंड इसके लिए जिम्मेदार होते हैं। जब व्यक्ति परेशानी और विपत्ति में बिना घबराए काम करता है तो उसके दिमाग में सकारात्मक बातें आती हैं और वह परेशानी को सहजता से हल कर लेता है। वहीं चुनौती या तूफान को देखकर हाथ-पैर फुलानेवाले लोगों के शरीर में दिल की धड़कन बढ़ जाती है, साँस तेज गति से चलने लगती है, मांसपेशियों में ऐंठन और खिंचाव उत्पन्न होता है, जिससे उनके मन में नकारात्मक बातें अधिक होती हैं और उनकी परेशानी सुलझने के बजाय उलझ जाती है।

यदि व्यक्ति यह सोचकर न घबराए कि चुनौतियाँ उसके जीवन में संकट लाएँगी तो जीवन में हर बड़े और कठिन-से-कठिन कार्य को सहजता से किया जा सकता है। इसके विपरीत यदि व्यक्ति यह सोचे कि जीवन में आनेवाली चुनौतियाँ उसके मन और मस्तिष्क को परिष्कृत करके ताकतवर बना देंगी तो उसे विजयी होने से दुनिया का कोई तूफान नहीं रोक सकता।

□

मन की शक्ति

व्यक्ति का मन बगीचे की तरह होता है। मन को जितना अधिक स्वच्छ और सुंदर रखा जाए, वह उतना ही अधिक स्वस्थ और स्फूर्ति से भरपूर होता है। जिस प्रकार बगीचे की स्वच्छता, सुंदरता और हरियाली मन को तरोताजा और उत्साहित कर देती है, उसी प्रकार सकारात्मक भावनाओं के साथ निर्मल मन व्यक्ति के व्यक्तित्व को जीवंत कर देता है, उसे खूबसूरत, परोपकारी, करुणामय बना देता है। मन के सात्विक भावों के माध्यम से व्यक्ति शारीरिक बीमारियों पर भी काबू कर लेता है। कहते हैं कि पहले इनसान का मन बीमार होता है और फिर शरीर। मन उस समय बीमार होता है, जब उसमें आध्यात्मिकता का लोप हो जाता है। लोग ईर्ष्यालु, झगड़ालू, लोभी और क्रोधी प्रवृत्तियों के कारण मानसिक रूप से बीमार होते हैं और फिर मन की कुत्सित प्रवृत्तियाँ शरीर पर नजर आने लगती हैं, जिससे व्यक्ति बीमार हो जाता है। अध्यात्म के साथ शुद्ध व सात्विक प्रवृत्तियोंवाला मन व्यक्ति के जीवन को सफल बनाता है। मन-मस्तिष्क और पूरे शरीर को नियंत्रण में रखता है। जोस सिल्वा अपनी पुस्तक 'यू द हीलर' में लिखते हैं, "मन मस्तिष्क को चलाता है और मस्तिष्क शरीर को और इस तरह शरीर आदेश का पालन करता है। मस्तिष्क उपचार के लिए एक इंद्रिय है। यह शरीर को चलाता है।"

मस्तिष्क की न्यूरोन कोशिकाएँ मन में उठनेवाले विचारों के अनुसार कार्य करती हैं। यदि विचार और कार्य सकारात्मक होते हैं तो कोशिकाएँ प्रफुल्लित होकर काम को अंजाम देती हैं। इसके विपरीत मन में उठनेवाले दूषित विचारों से कोशिकाएँ मंद और सुस्त पड़ जाती हैं। इसी कारण मन में ईर्ष्या, परेशानी और तनाव उत्पन्न होता है, जो शरीर को बीमार कर देता है। इसके विपरीत भी कई बार शरीर बीमार व अस्वस्थ हो जाता है। ऐसे में व्यक्ति को रोगों से घबराए बिना अपने मन को कमजोर नहीं पड़ने देना चाहिए। मन में हमेशा स्वस्थ और प्रेरक विचारों से रोगों का सामना करना चाहिए। जब मन आध्यात्मिक रूप से सद्वृत्तियों के साथ

आचरण करता है तो वह व्यक्ति के कार्य और लक्ष्य को भी ऊँचाई और सफलता के शीर्ष पर स्थापित कर देता है।

सात्विक मन अत्यंत शक्तिशाली होता है। वह बड़ी-से-बड़ी परेशानी पर विजय पाने की क्षमता रखता है। अमेरिका के कैलिफोर्निया विश्वविद्यालय के भाषाविद् जॉन ग्रिंडर तथा कंप्यूटर विशेषज्ञ रिचर्ड बैंडलर द्वारा विकसित न्यूरो लिंग्विस्टिक प्रोग्रामिंग कहती है, "मन की शक्ति के द्वारा ही हम शिक्षा, खेल-कूद, संगीत-नृत्य, उद्योग-व्यवसाय, व्यक्तित्व विकास तथा चिकित्सा एवं उपचार के क्षेत्र में असाधारण सफलता प्राप्त कर सकते हैं।" यही नहीं, मन के द्वारा कैंसर और भयावह बीमारी तक को ठीक किया जा सकता है।

महान् व्यक्तित्व नेल्सन मंडेला का 95 वर्ष की आयु में स्वर्गवास हुआ। उन्होंने जीवन में अनेक कष्टों और संघर्षों का सामना किया। उन्होंने 27 साल जेल में बिताने के बाद विश्वस्तर पर सफलता प्राप्त की। ऐसा वह इसलिए कर पाए, क्योंकि उन्होंने अपने मन को कभी कमजोर नहीं पड़ने दिया। मन अत्यंत बलशाली है। यदि सद्विचारों के साथ आगे बढ़ा जाए तो मन के द्वारा जीवन में व्यक्ति को सर्वश्रेष्ठ परिणाम प्राप्त होते हैं। जेम्स एलेन ने अपनी पुस्तक 'एस ए मैन थिंकेन' में कहा भी है, "अच्छे विचार बीजों के अच्छे, सकारात्मक व स्वास्थ्यप्रद तथा बुरे विचार बीजों के बुरे, नकारात्मक व घातक फल आपको वहन करने ही पड़ेंगे।" बचपन से ही बच्चों के अंदर नेक और सुंदर विचारों का समावेश करना चाहिए। इससे बच्चों के लक्ष्य और ज्ञान-प्राप्ति को सुदृढ़ता प्राप्त होती है और वे अपने भावी जीवन की सही दिशा निर्धारित करते हैं। इसलिए मन की शक्ति को अध्यात्म के साथ विकसित करने का प्रयास करना चाहिए ताकि इनसान का जीवन कामयाब हो सके। अध्यात्म की नींव जितनी गहन होगी, मन उतना ही शुद्ध और पावस होगा। शुद्ध मन जीवन में कभी भी व्यक्ति को पराजय का मुँह नहीं देखने देगा। शुद्ध और सात्विक मनवाले व्यक्ति के लिए असफलता और पराजय क्षणिक होती हैं। ऐसा व्यक्ति जीवन के कष्टों और परेशानियों से घबराता नहीं है, बल्कि शिक्षा लेकर आगे बढ़ता है। अंत में व्यक्ति सभी चुनौतियों का सामना कर अपने जीवन और जन्म को सफल बनाता है।

□

संघर्षशील मार्ग है सफलता का द्वार

लोग चाहते हैं कि उन्हें जीवन में सबकुछ सहजता से प्राप्त हो जाए। अकसर संघर्ष करते हुए इनसान कई बार हार जाता है। उसका आत्मविश्वास डगमगाने लगता है। आत्मविश्वास संघर्षशील व्यक्ति की कदम-कदम पर मदद करता है। स्वेट मार्डेन कहते हैं, "आशा और आत्मविश्वास ही वे वस्तुएँ हैं, जो हमारी शक्तियों को जाग्रत करती हैं और हमारी उत्पादन शक्ति को दुगना-तिगुना कर देती हैं।" जीवन को ही एक संघर्ष कहा गया है। संघर्ष की अग्नि में तपकर ही व्यक्ति खरा सोना बनता है।

संघर्ष ने ही अर्जुन को महारथी बनाया था। महाभारत के युद्ध में कौरवों की सेना के सेनापति गुरु द्रोणाचार्य थे। युद्ध के पहले दिन कौरव बड़ी बहादुरी के साथ लड़े, लेकिन अर्जुन ने उन्हें नाकों चने चबवा दिए। इससे कौरव सेना को भारी नुकसान हुआ और कौरव के खेमे में भगदड़ मच गई। दुर्योधन गुरु द्रोणाचार्य के शिष्य थे। वे जानते थे कि उनके गुरु अत्यंत पराक्रमी और बलशाली हैं। वे उनसे बात करने के लिए उनके कक्ष में गए और बोले, "गुरुजी, मैं और अर्जुन दोनों ही आपके शिष्य रह चुके हैं। आपने अपने शिष्यों को सभी कलाएँ सिखाई हैं। आप शिष्यों से हर हाल में सर्वश्रेष्ठ हैं। ऐसे में क्या कारण है कि अर्जुन आप पर भारी पड़े और आप उनके आगे पस्त दिखाई दिए।" दुर्योधन की बात सुनकर द्रोणाचार्य लंबी चुप्पी के बाद बोले, "तुम सही कह रहे हो दुर्योधन, अर्जुन और तुम दोनों ही मेरे शिष्य हो। मैं अपनी सारी रणनीतियों और कलाओं में बारे में जानता हूँ। फिर भी अर्जुन मुझसे सर्वश्रेष्ठ है। ऐसा इसलिए है, क्योंकि मैंने अपना जीवन महलों में बहुत ही आराम और शानो-शौकत से बिताया है, जबकि अर्जुन का जीवन संघर्ष भरा रहा है। उसने कँटीली और पथरीली जमीन की धूल में अपना जीवन गुजारा है। इसी संघर्ष भरे जीवन के कारण उसने अपने भीतर शक्ति और बुद्धि हासिल करने में सफलता पा ली है, जो कि मैं खुद नहीं कर पाया। आराम और ऐश्वर्यपूर्ण जीवन में रहनेवाला व्यक्ति कभी भी संघर्ष की शक्ति से परिचित नहीं हो सकता।

जब व्यक्ति स्वयं से जूझकर अपनी जीविका के लिए वस्तुएँ जुटाता है तो वह आत्मविश्वासी होने के साथ-साथ शक्तिशाली और बलशाली भी हो जाता है। ऐसे व्यक्ति को पराजित करना असंभव है। यही मेरे साथ हुआ है।" यह सुनकर दुर्योधन गुरु द्रोणाचार्य को नमस्कार कर चुपचाप वहाँ से बाहर चला आया।

अनेक ऐसे उदाहरण हैं, जो संघर्ष करते हुए बुलंदियों तक पहुँचे हैं। एडमंड हिलेरी ने अपने दोस्तों के मना करने के बावजूद एवरेस्ट पर विजय हासिल करने की जिद ठान ली। पहली बार में वह एवरेस्ट पर नहीं चढ़ सके। लौटते वक्त वह माउंट एवरेस्ट से बोले, "तुमने मुझे हरा दिया, पर मैं फिर लौटूँगा और तुम्हें हरा दूँगा।" दूसरी बार उन्होंने माउंट एवरेस्ट पर फतह की। इसी तरह थॉमस अल्वा एडीसन ने यदि बिजली के सात सौ प्रयोग असफल होने पर भी बल्ब का आविष्कार करने की जिद न ठानी होती तो आज लोगों की रातों में उजाला न होता। उन्हें संघर्ष की अग्नि ने ही तपाकर खरे कुंदन में परिवर्तित किया। टेनेसी राज्य की विल्मा ग्लोडियन रूडोल्फ ने अपंग होने के बावजूद 1960 के ओलंपिक में तीन-तीन पदक जीतकर सभी को दाँतों तले उँगुली दबाने पर मजबूर कर दिया था। अपंग विल्मा जब खिलाड़ियों की बातें करती तो सभी उसका मजाक उड़ाते। लोग अकसर उसे कहते कि वह स्वयं अपंग है, लेकिन ख्वाब देखती है खिलाड़ी बनने के। लोगों के इन्हीं व्यंग्य बाणों ने विल्मा के संघर्ष को मजबूती प्रदान की और उसने अपनी सफलता से सबके मुँह बंद कर दिए। नेत्रहीन हेलेन केलर ने संघर्ष का रास्ता नहीं छोड़ा। जब भी उसकी हिम्मत जवाब देने लगती तो वह स्वयं से कहती कि संघर्ष का मार्ग एक दिन उसको इस जीवन में अमर अवश्य बनाएगा। उसके संघर्ष ने उसे आज वास्तव में अमर बना दिया है। हेलेन केलर ने अनेक पुस्तकों की रचना की। आज उनकी अनेक पुस्तकें बहुत प्रसिद्ध हैं। उनका कहना था, "ईश्वर एक दरवाजा बंद करता है तो दूसरा खोल देता है, पर हम उस बंद दरवाजे की ओर टकटकी लगाए बैठे रहते हैं। दूसरे खुले दरवाजे की ओर हमारी दृष्टि ही नहीं जाती।" संघर्ष से काम करने के कारण व्यक्ति एक-न-एक दिन सफल हो ही जाता है।

संघर्ष ने अनेक व्यक्तियों को सफल बनाया है, यहाँ तक कि ब्लेड का आविष्कार करनेवाले जिलेट को अनेक समस्याओं का सामना करना पड़ा था। उनके छोटे से ब्लेड पर किसी ने ध्यान नहीं दिया। इस कारण उन पर काफी कर्ज भी चढ़ गया, किंतु उन पर जिद सवार थी कि ब्लेड को लोगों के दैनिक जीवन का अंग बनाना है और आज बच्चा-बच्चा जिलेट ब्लेड से वाकिफ है। यही है कामयाबी की जिद, जो देर-सवेर व्यक्ति को शिखर की बुलंदियों पर पहुँचा देती है।

संघर्ष का मार्ग प्रारंभ में कठिन लगता है, लेकिन जब इस मार्ग पर चलने की आदत डाल ली जाए तो इसी संघर्ष से प्रेम हो जाता है। संघर्ष व्यक्ति को अपने अंदर छिपे अनेक गुणों से परिचित कराता है। यदि व्यक्ति आरामदायक जीवन का आदी हो जाए तो वह कभी भी अपने अंदर छिपे गुणों को नहीं जान सकता। सफलता और संघर्ष दोनों एक सिक्के के दो पहलू हैं। इसलिए जब आप संघर्ष के मार्ग पर मुड़ेंगे तो सफलता स्वयं आपकी झोली में आ गिरेगी।

□

असफलता से ही मिलती है सफलता

सफल व्यक्ति को सभी सलाम करते हैं। सफल व्यक्तियों और सफलता के उदाहरणों से पृथ्वी अँटी पड़ी है। सभी सफलता और कामयाबी पाना चाहते हैं। अकसर लोग जब कार्य करते हैं तो यह भूल जाते हैं कि कभी भी ऊँचाई पर बिना सीढ़ी के नहीं चढ़ा जा सकता। जिस तरह एक-एक सीढ़ी व्यक्ति को ऊँचाई पर पहुँचाती है, उसी तरह असफलता की सीढ़ियों से गुजरकर ही सफलता की चोटी हासिल की जा सकती है। हाँ, इतना अवश्य है कि असफलता की सीढ़ियों की संख्या व्यक्ति की योग्यता, एकाग्रता और कर्म के अनुसार कम-ज्यादा हो सकती है। आज अधिकतर युवा असफलता से घबराकर आत्मघातक कदम उठा लेते हैं। उनमें सहनशक्ति और धैर्य का अभाव है। यदि प्रसिद्ध व्यक्ति भी अपनी असफलताओं से डरकर ऐसे कदम उठा लेते तो आज वे हमारे लिए प्रेरणास्रोत नहीं बन पाते।

एक बार एक बालक परीक्षा में फेल हो गया। उसके साथियों ने उसके फेल होने का मजाक बनाया। बालक अपनी असफलता बर्दाशत नहीं कर पाया और घर आने पर अत्यंत तनावग्रस्त हो गया। अब वह परेशान रहने लगा। असफलता ने उसका खान-पान, मुसकराहट, खेल-कूद सब जैसे छीन लिया। बालक के माता-पिता ने उसे प्यार से समझाया, “बेटा, कोई बात नहीं, फेल होना इतनी बड़ी असफलता नहीं है, जिससे तुम बेहद परेशान हो जाओ और अपने आगे के जीवन पर प्रश्नचिह्न लगा दो। इनसान असफल होकर ही सफल बनता है।” किंतु बालक को माता-पिता की बातों से संतुष्टि नहीं मिली। मानसिक अशांति और निराशा में उसे कुछ नहीं सूझा और वह एक रात आत्महत्या करने के लिए चल दिया। वहाँ रास्ते में एक बौद्ध मठ पड़ा, जहाँ से कुछ आवाजें आ रही थीं। बालक उत्सुकतावश उन आवाजों को सुनने के लिए बौद्ध मठ के अंदर चला गया। वहाँ उसने देखा कि एक भिक्षुक कह रहा था, “पानी मैला क्यों नहीं होता, क्योंकि वह बहता है। पानी के मार्ग में बाधाएँ क्यों नहीं आतीं, क्योंकि वह बहता रहता है। पानी का एक बिंदु झरने से

नदी, नदी से महानदी और महानदी से समुद्र क्यों बन जाता है? क्योंकि वह बहता है। इसलिए मेरे जीवन! तुम रुको मत, बहते रहो। जीवन में कुछ असफलताएँ आती हैं, किंतु तुम उनसे घबराओ मत। उन्हें लाँघकर दुगनी मेहनत करते चलो। बहना और चलना ही जीवन है। एक असफलता से ही घबराकर रुक गए तो उसी तरह सड़ जाओगे, जिस तरह रुका हुआ पानी सड़ जाता है।" बालक यह सुनकर सोच में पड़ गया और मन में यह ठानकर कि उसे भी बहते जल की भाँति ही बनना है, वापस घर की ओर मुड़ गया। यही बालक बड़ा होकर वियतनाम के महान् राष्ट्रनायक हो ची मिन्ह के नाम से मशहूर हुआ।

यदि वह उस दिन असफलता से हार मानकर आत्मघातक कदम उठा लेता तो आज पूरा विश्व महान् राष्ट्रनायक हो ची मिन्ह को कैसे जान पाता?

लोग अकसर कहते हैं कि असफलता इनसान को तोड़ देती है, लेकिन यह कथन गलत है। असफलता इनसान को नहीं तोड़ती, बल्कि इनसान स्वयं ही हार मान लेता है। रिचर्ड हूकर कहते हैं, "इनसान तब टूटता है, जब वह खुद से हार जाता है। अगर दुनिया की बात करें, तो वह तुम्हें तब तक नहीं हरा सकती, जब तक कि तुम खुद से न हार जाओ। इसलिए हमेशा अपनी हिम्मत बनाए रखो।" मनोवैज्ञानिक कहते हैं, "जो व्यक्ति अपनी असफलताओं को स्वीकार कर जीवन में आगे बढ़ते हैं, उनका जीवन पहले से अधिक सुंदर हो जाता है। उनमें आत्मविश्वास और सद्गुणों का विकास होता है।" मस्तिष्क की न्यूरोन कोशिकाएँ मन में उठनेवाले विचारों के अनुसार कार्य करती हैं। यदि विचार और कार्य सकारात्मक होते हैं तो कोशिकाएँ प्रफुल्लित होकर काम को अंजाम देती हैं। इसके विपरीत मन में उठनेवाले दूषित विचारों से कोशिकाएँ मंद और सुस्त पड़ जाती हैं। इसी कारण मन में ईर्ष्या, परेशानी और तनाव उत्पन्न होता है, जो शरीर को बीमार कर देता है। महान् व्यक्तित्व नेल्सन मंडेला का 95 वर्ष की आयु में स्वर्गवास हुआ। उन्होंने जीवन में अनेक कष्टों और संघर्षों का सामना किया। उन्होंने 27 साल जेल में बिताने के बाद विश्वस्तर पर सफलता प्राप्त की। ऐसा वे इसलिए कर पाए, क्योंकि वे असफलता से नहीं घबराए। यदि वे असफल नहीं होते तो कभी भी प्रेरक व्यक्तित्व के रूप में सफल होकर हमारे प्रेरणास्रोत न बनते। महात्मा गांधी, प्रसिद्ध नेत्रहीन लेखिका हेलेन केलर, अपंग छात्रा से सफल धाविका बननेवाली विल्मा ग्लोडियन रूडोल्फ, अब्राहम लिंकन, फ्रांस के प्रसिद्ध दार्शनिक ज्याँपाल सार्त्र, रे क्रॉक, थॉमस एडीसन असफलता की सीढ़ियाँ चढ़कर ही सफलता के शीर्ष पर पहुँचे।

डिज्नीलैंड बच्चों का प्रिय कार्टून कोना है। इसके संस्थापक वाल्ट डिज्नी को बार-बार असफलता का सामना करना पड़ा। उन्हें बचपन से ही कार्टून बनाने का शौक था। उन्होंने अनेक समाचार-पत्रों को साक्षात्कार दिया, लेकिन सभी ने उन्हें यह कहकर लौटा दिया कि उनमें प्रतिभा नहीं है, पर उन्होंने इन असफलताओं से हार नहीं मानी और सफलता की ओर अपने कदम बढ़ाते रहे। आखिर एक दिन उनकी मेहनत व लगन ने उन्हें एक विश्वविख्यात कार्टूनिस्ट बनाकर पूरे विश्व के सामने प्रस्तुत कर दिया।

यदि बच्चों को बचपन से ही यह बताया जाए कि जीवन में केवल सफलता प्राप्त करना ही बड़ी बात नहीं है, बल्कि असफल होकर उससे शिक्षा प्राप्त करके आगे बढ़ना भी बहुत हिम्मत का क़ाम है तो असफलता व्यक्ति को निराश नहीं करेगी वरन् उसकी बड़ी कामयाबी और सफलता की एक सीढ़ी बनेगी।

□

जीवन की शांति

वर्तमान समय के भागदौड़ भरे जीवन में लोग अपने लक्ष्य की तरफ भाग रहे हैं। लक्ष्य, यश और धन-प्राप्ति की खातिर लोग गलत कार्यों, बेईमानी, झूठ आदि बोलने से भी नहीं हिचकिचाते। लोगों को लगता है कि ऐसा करके वे सहजता से अपने लक्ष्य और मंजिल को पा लेंगे, जबकि ऐसा होता नहीं है। बेईमानी, नकारात्मक विचार और झूठ से बुद्धि गलत दिशा की ओर काम करने लगती है। जब व्यक्ति अपने लक्ष्य पर बढ़ रहा होता है और उस समय जरा सी असफलता मिलने पर वह क्रोध, नकारात्मक विचार और ईर्ष्या के साथ अपने कदम बढ़ाता है तो वह सही मार्ग पर चलने के बजाय गलत मार्ग का वरण कर लेता है। जब जीवन में परेशानियाँ, तनाव और असफलता विचलित करे तो ऐसे समय में व्यक्ति को कुछ देर के लिए शांत हो जाना चाहिए। अस्थिर चित्त, पराजय और समस्या से ग्रसित व्यक्ति को गलत कार्य करने के लिए उकसाता है। इसलिए चित्त को स्थिर करें और तनाव व पीड़ा में कुछ देर के लिए स्वयं को अकेला और शांत कर लें। शांति के साथ बड़ी-से-बड़ी चुनौती और कार्य को सरलता से किया जा सकता है।

एक बार भगवान् बुद्ध अपने शिष्यों के साथ कहीं जा रहे थे। उनके प्रिय शिष्य आनंद ने भगवान् बुद्ध से मार्ग में प्रश्न किया, "भगवन्! जीवन में पूर्ण रूप से शांति कभी भी नहीं मिल पाती। जरा सी पीड़ा, तनाव और समस्या आई कि चित्त अस्थिर हो जाता है, मन बेचैन होकर इधर-उधर भटकने लगता है, नकारात्मक बातें मस्तिष्क में अपना घर बनाने लगती हैं और व्यक्ति गलत कार्यों की तरफ मुड़ जाता है। ऐसा उपाय बताइए, जिससे जीवन में हमेशा, हर मार्ग पर शांति का अहसास हो।" बुद्ध आनंद का प्रश्न सुनकर मुसकराते हुए बोले, "तुम्हें हम इसका जवाब अवश्य देंगे, किंतु इस समय हमें बहुत प्यास लगी है, पहले थोड़ा जल पी लें। तुम हमारे लिए जल लेकर आओ।" आनंद भगवान् बुद्ध का आदेश पाकर जल की खोज में चल दिया। काफी देर तक तलाशने के बाद उसे एक झील नजर आई।

झील के करीब पहुँचते ही आनंद ने देखा कि काफी सारी बैलगाड़ियाँ वहाँ से गुजर रही हैं। बैलगाड़ियाँ गुजरने के बाद आनंद ने झील को देखा तो पाया कि झील का जल काफी गंदा हो गया है। वह निराश होकर वापस लौट चला। आनंद के खाली लौटने पर बुद्ध बोले, "क्या हुआ आनंद? बिना जल लिये ही आ गए?" आनंद बोला, "भगवन्! मैं जल लेने तो गया था, किंतु वहाँ पर काफी सारी बैलगाड़ियाँ गुजरीं, जिस कारण झील का पानी गंदा हो गया। इसलिए मैं बिना जल लिये ही लौट आया। मैं दूसरी झील की तलाश करता हूँ, जहाँ पर स्वच्छ जल हो।" यह कहकर आनंद जाने के लिए मुड़ा ही था कि भगवान् बुद्ध की आवाज सुनकर रुक गया। बुद्ध बोले, "दूसरी झील तलाश करने की जरूरत नहीं है। उसी झील पर जाओ।" आनंद दोबारा उसी झील पर गया, किंतु अभी भी झील का जल साफ नहीं हुआ था और कुछ पत्ते आदि उस पर तैर रहे थे। आनंद दोबारा वापस आकर बोला, "झील का पानी अभी भी गंदा है।" बुद्ध ने उसे कुछ देर बाद उसी झील पर जाने के लिए कहा। कुछ देर ठहरकर जब आनंद झील पर आया तो देखा कि झील बिल्कुल साफ हो चुकी थी। सब सड़े-गले पत्ते नीचे बैठ चुके थे, काई सिमटकर दूर जा चुकी थी और पानी आईने की तरह चमक रहा था। वह इस बार जल लेकर लौटा। भगवान् बुद्ध जल पीकर बोले, "आनंद! जो क्रियाकलाप अभी तुमने किया, तुम्हारा जवाब उसी में छिपा है।" यह सुनकर आनंद हैरानी से बोला, "भगवन्! मैं कुछ समझा नहीं।" बुद्ध बोले, "आनंद! हमारे जीवन के जल को भी विचारों की बैलगाड़ियाँ रोज-रोज गँदला करती हैं और हमारी शांति को भंग करती हैं, कई बार तो हम इनसे डरकर जीवन से ही भाग खड़े होते हैं और कई बार नकारात्मक विचारों की अग्नि में जलकर हम स्वयं को खत्म कर लेते हैं अर्थात् हम मानव से दानव बन जाते हैं, किंतु यदि हम भागें नहीं और मन की झील के शांत होने की थोड़ी प्रतीक्षा कर लें तो सबकुछ स्वच्छ हो जाता है, उसी झरने की तरह। यदि हम ऐसा करने में सफलता पा लें तो हम जीवन में हर मार्ग पर शांति का अहसास करेंगे।" यह जवाब सुनकर आनंद के साथ ही अन्य शिष्य भी बुद्ध के जवाब से सहमत हो गए।

नकारात्मक विचार शरीर के तनाव को बढ़ाते हैं। अधिक चिंता और परेशानी में व्यक्ति के एनर्जी हार्मोन एड्रोनलीन व नोरएड्रीनलीन के स्तर में भी वृद्धि हो जाती है, जिससे व्यक्ति शारीरिक व मानसिक बीमारियों से ग्रसित हो जाता है। ऐसे में जब शरीर तन-मन से बीमार हो जाता है तो वह स्वस्थ प्रणाली से कार्य नहीं कर पाता। जब व्यक्ति बेचैन और तनाव से ग्रसित होता है तो उसके स्वभाव में चिड़चिड़ापन आ जाता है, जिससे उसे सिरदर्द, अपच, एग्जीमा या एलर्जी जैसी समस्याएँ हो

सकती हैं। यदि व्यक्ति तनाव और परेशानी के समय क्रोधित, आलोचनात्मक और ईर्ष्यालु प्रवृत्ति अपना लेता है तो उसे अल्सर, ओस्टियोआर्थराइटिस, माइग्रेन, हाई ब्लड प्रेशर या दिल की धड़कनों में अनियमितता हो सकती है। अशांत मन अनेक बीमारियों और मृत्यु तक को आमंत्रित करता है।

इसलिए चित्त उद्विग्न होने पर व्यक्ति को प्रेरणादायक पुस्तकें पढ़नी चाहिए, एक से सौ तक गिनती करनी चाहिए, प्रकृति के साथ कुछ वक्त बिताना चाहिए, हँसी-मजाक की पुस्तकें पढ़नी चाहिए या अच्छे मित्रों और परिवार के साथ अपना वक्त बिताना चाहिए। असफलता, तनाव, बेचैनी और पीड़ा में उपरोक्त बातें व्यक्ति के चित्त को शांत करने में दवा का काम करती हैं। ऐसा करने पर व्यक्ति जिंदगी भर अपने जीवन को शांतिपर्वूक सफलता से हँसते-मुसकराते हुए बिता सकता है।

□

बीमारी की लड़ाई जीतो

सहज-सुलभ हर चीज ने आज व्यक्ति की इच्छाशक्ति को कम कर दिया है। छोटी सी बीमारी की चपेट में आने के कारण लोग उसे अपनी इच्छाशक्ति से दूर करने के बजाय गोलियों व इंजेक्शनों से दूर करना उचित समझते हैं। डॉ. शिंडलर ने एक पुस्तक लिखी है 'हाऊ टू लिव 365 डेज ए ईयर'। इस पुस्तक में वे लिखते हैं, "अस्पताल में भर्ती होनेवाले तीन-चौथाई लोगों को किसी भी प्रकार की शारीरिक बीमारी नहीं होती। उनकी समस्या मानसिक व भावनात्मक होती है। वे सिर्फ इसलिए बीमार हैं, क्योंकि वे अपनी भावनाओं को काबू में नहीं रख पाते।" छोटी सी बीमारी में कई बार लोग इतने चिंतित हो जाते हैं कि बीमारी कम होने के बजाय बढ़ जाती है। बीमारी की चिंता से कई बार व्यक्ति हार्ट अटैक अथवा ब्रेन स्ट्रोक और डिप्रेशन का शिकार होकर मृत्यु तक को आमंत्रित कर लेते हैं। इसके विपरीत कई लोग ऐसे भी हैं, जिन्होंने बीमार होने पर भी अपनी इच्छाशक्ति के बल पर बीमारी को परे धकेला है और दुनिया में कीर्तिमान रचा है। महान् वैज्ञानिक स्टीफन हाकिंग का केवल मस्तिष्क और हृदय काम करता है, लेकिन फिर भी वह काम में लगे रहते हैं और किसी से इसकी शिकायत नहीं करते, "मैं बीमारी से ग्रस्त हूँ।" इसी तरह पॉप स्टार कायली मिनॉग ब्रेस्ट कैंसर से पीड़ित होने पर भी कभी परेशान नहीं हुईं, न ही उन्होंने कभी यह कहा कि मैं बीमार हूँ। इसी बीच उन्होंने बच्चों के लिए एक पुस्तक 'द शोगर्ल प्रिंसेस' लिखी।

एक बालक था। वह तरह-तरह की व विभिन्न विषयों की पुस्तकें पढ़ता रहता था। इस बालक की एक आँख खराब थी। इसलिए ज्यादा पढ़ने के कारण एक आँख पर अतिरिक्त भार पड़ता था। अतिरिक्त भार पड़ने के कारण उसकी आँख में दर्द रहने लगा था, लेकिन फिर भी उसने यह नहीं सोचा कि उसकी आँख में कुछ समस्या है अथवा पीड़ा है। वह पढ़ने में लगा रहा। जब उसकी पीड़ा बहुत बढ़ गई तो डॉक्टर ने कहा कि एक आँख पर अधिक भार पड़ने से अब बालक की दूसरी

आँख भी खराब होने लगी है। यह देखकर उन्होंने उसे पढ़ने-लिखने से बिल्कुल मना कर दिया और कहा, "यदि तुमने पढ़ना-लिखना नहीं छोड़ा तो वह दिन दूर नहीं, जब तुम्हारी दूसरी आँख भी बिल्कुल खराब हो जाएगी और तुम नेत्रहीन हो जाओगे।" डॉक्टर की बात सुनकर भी बालक ने लिखना-पढ़ना बंद नहीं किया। अपने परिवारवालों के बहुत जोर देने पर वह बोला, "मैं पढ़ना-लिखना तब छोड़ूँगा, जब मुझे कोई-न-कोई प्रतिदिन पुस्तक पढ़कर सुनाता रहेगा और मुझे बीमार नहीं समझेगा।" परिवारवाले बालक की इस बात पर सहमत हो गए। अब बालक इसी तरह पढ़ने लगा और इस प्रकार अपनी दृढ़ इच्छाशक्ति व संकल्प से उसने एम.ए. की परीक्षा उत्तीर्ण कर ली। बालक सिर्फ एम.ए. करने तक ही नहीं रुका अपितु उसने अनेक पुस्तकें भी लिखीं। वह अपने विचार दूसरों से लिखवाता था और जब उसका लिखा विषय पुस्तक में परिवर्तित हो जाने के लायक हो जाता था तो उसकी पुस्तक छप जाती थी। इस प्रकार ऐसे ही उसने अनेक पुस्तकें लिखीं। उसकी पुस्तकों के माध्यम से अनेक लोग लाभान्वित हुए। उसकी पुस्तकों में जीवन को हर हाल में सकारात्मक नजरिए व आनंदमय तरीके से जीने के तरीके सहज रूप में बताए गए थे। आज हम उस बालक को फ्रांस के प्रसिद्ध दार्शनिक ज्याँपाल सार्त्र के नाम से जानते हैं। ज्याँपाल सार्त्र ने अपने कठिनाई भरे जीवन में उच्चतम मंजिल हासिल कर लोगों को यह सीख दी कि जीवन का दूसरा नाम समस्या है और बीमारी केवल मन से होती है। यदि मन को सकारात्मक और शुद्ध रखा जाए तो हर बीमारी को न सिर्फ सरलता से नियंत्रित किया जा सकता है, अपितु उसे पराजित कर बड़ी-से-बड़ी सफलता प्राप्त की जा सकती है।

इसी तरह हेलेन केलर डेढ़ वर्ष की आयु के बाद ही भयंकर ज्वर से पीड़ित होकर अपनी बोलने, देखने और सुनने की शक्ति गँवा बैठी थीं, लेकिन उन्होंने कभी स्वयं को बीमारों की श्रेणी में नहीं रखा। वे हमेशा अपने काम में आगे बढ़ती रहीं और आज उनकी विश्वप्रसिद्ध कृतियाँ 'मेरा धर्म' और 'मेरी जीवन कहानी' अनेक भटके हुए लोगों को राह दिखाती हैं। उन्होंने ब्रेल लिपि में अनेक ग्रंथ लिखे और विश्वप्रसिद्ध कृतियों को ब्रेल लिपि में प्रकाशित करवाया। वे पूरे विश्व के सामने एक अद्भुत व महान् महिला बनकर उभरीं, जिन्होंने अपनी किस्मत पर आँसू बहाने के बजाय मेहनत व लगन से अपने जीवन को सँवारा। उनका कहना था, "ईश्वर एक दरवाजा बंद करता है तो दूसरा खोल देता है, पर हम उस बंद दरवाजे की ओर टकटकी लगाए बैठे रहते हैं। दूसरे खुले दरवाजे की ओर हमारी दृष्टि ही नहीं जाती।"

मनोवैज्ञानिकों का मानना है कि यदि प्रत्येक व्यक्ति अपनी दृढ़ इच्छाशक्ति से बीमारी को दूर भगाने की सोच ले तो वह घातक बीमारियों की चपेट में आएगा ही नहीं।

बीमारी में व्यक्ति सबसे पहले जीने की आशा छोड़ देता है और जिंदगी से निराश हो जाता है। ऐसे में उसकी कार्यक्षमता पर असर पड़ता है। धीरे-धीरे उसकी इच्छाशक्ति घटने लगती है। यदि व्यक्ति अपनी इच्छा और मन की शक्ति को जाग्रत् कर ले तो वह हर बीमारी को पराजित कर सकता है। एक बार ब्रिटेन के पूर्व प्रधानमंत्री विंस्टन चर्चिल के हाथ में लकवा मार गया था। ऐसे में वे दृढ़ इच्छा से अपने हाथ को आदेश देते हुए कहते कि 'तुम्हें ठीक होना है।' सचमुच चमत्कार हुआ और उनका हाथ ठीक हो गया। इसलिए बीमारी से लड़ना चाहिए। दृढ़ इच्छा और मजबूत मनवाला व्यक्ति हर लड़ाई पर विजय पाता है और अपने जीवन को कामयाब बनाता है।

बीमार होने पर व्यक्ति यदि सफलता की कहानियों को इंटरनेट, पुस्तकों व समाचार-पत्रों में पढ़कर स्वयं में दृढ़ इच्छाशक्ति को जाग्रत् करे तो वह शीघ्र स्वस्थ हो जाता है। बीमार होने पर भाग्य अथवा अंधविश्वास को बढ़ावा देने के बजाय आत्मविश्वास से उसका सामना करना चाहिए। बीमारी में दवा के साथ-साथ संतुलित खान-पान, सकारात्मक विचार, मुसकराहट और परिवार का साथ व्यक्ति को मजबूती प्रदान कर एक स्वस्थ और सुंदर जीवन प्रदान करता है।

□

जीवन के प्रति नजरिया

मनुष्य जीवन प्राणियों में सर्वश्रेष्ठ माना जाता है। जैसे ही मनुष्य समझदार होता है, वह जिंदगी के उतार-चढ़ावों से जूझता है, संघर्ष करता है और अपना जीवनयापन करता है। कई बार व्यक्ति जीवन में आनेवाले तनावों और परेशानियों से इतना अधिक परेशान हो जाता है कि वह आत्मघातक कदम उठा लेता है। जिंदगी की हलचलों से परेशान होनेवाला व्यक्ति अवसाद के एक ऐसे दौर में प्रवेश कर जाता है, जहाँ पर उसे आत्महत्या ही छुटकारा नजर आता है। जीवन में सुख-सुविधाओं की अधिकता के साथ व्यक्ति के अंदर धैर्य, सहनशीलता, प्रेम में कमी आई है। आज व्यक्ति जिसकी कामना करता है, उसकी प्राप्ति न होने पर वह आत्मघाती कदम उठाने में एक पल की देरी नहीं करता। आत्मघाती कदम अपने जीवन को समाप्त करना है। जीवन को हमेशा के लिए समाप्त करना सहज नहीं है। अगर कोई आत्महत्या का रुख करता है तो इसका सीधा-साफ मतलब है कि उस समय उसकी पीड़ा उसके भीतर की लड़ने की ताकत से कहीं अधिक है, वह अपने जीवन में इन दिनों काफी परेशान है और स्वयं को अकेला महसूस कर रहा है। आत्मघाती या आत्महत्या का विचार पीड़ा और उससे लड़ने के साधन के बीच के असंतुलन का परिणाम है। तेजी से आत्महत्या के आँकड़ों में हो रही वृद्धि को काबू में किया जा सकता है। अमेरिका की संस्था यूथ सुसाइड नेशनल सेंटर की निदेशक रहीं शरलोट रॉस भी मानती हैं, "आत्महत्या मृत्यु का एक ऐसा कारण है, जिसे रोका जा सकता है।" वैज्ञानिक शोध यह दरशाते हैं कि लगभग 90 प्रतिशत आत्महत्या करनेवाले व्यक्ति मानसिक तौर से बेहद परेशान होते हैं। उनकी परेशानी का कारण तनाव और अवसाद ही है, जिसे रोका तो नहीं जा सकता, लेकिन आत्मविश्वास और आत्मशक्ति से उनका मुकाबला करके कम अवश्य किया जा सकता है। आत्महत्या जैसा घातक कदम व्यक्ति न उठाए, इसके लिए वह दो रास्तों पर जा सकता है। पहला, दर्द को कम करने का रास्ता खोज लिया जाए और दूसरा लड़ने के साधनों में वृद्धि कर ली जाए।

जब भी आत्मघाती विचार मन में आए, तभी ऐसे व्यक्तियों के बारे में सोचा जाए, जिन्होंने अत्यंत कठिन समय में जीवित रहकर विजय प्राप्त की है और स्वयं को पूरे विश्व के सामने एक सेलिब्रिटी के रूप में प्रस्तुत किया है। खुशी या सुख हमारे अंदर और आसपास ही होता है, लेकिन बड़े सुख व खुशी की तलाश में हमारा उस ओर ध्यान ही नहीं जाता। जिंदगी ईश्वर की एक खूबसूरत नियामत है और इसे किसी भी कीमत पर नहीं खोना चाहिए। जीवन से जब किसी व्यक्ति को प्रेम होता है और अचानक वह मृत्यु के मुँह में पहुँचकर वापस लौटता है, तब वह जिंदगी की वास्तविक कीमत समझता है।

एक दिन एक व्यक्ति एरिजोना इलाके से गुजर रहा था। उसी समय अचानक तेज आँधी और वर्षा होने लगी। व्यक्ति की कार में गैस खत्म हो गई। वह एक गैस स्टेशन पर गैस भरवाने के लिए रुका। भारी बारिश के बीच वह गाड़ी में बैठा रहा और वहीं से गैस भरनेवाले व्यक्ति को निर्देश देता रहा। जब उसकी गाड़ी में गैस भर गई तो वह गैस भरनेवाले कर्मचारी से बोला, "मुझे माफ करना। मैंने तुम्हें इतनी बारिश में कष्ट दिया। बमुश्किल तुम मेरी गाड़ी में गैस भर पाए हो।" यह सुनकर गैस भरनेवाला कर्मचारी मुसकराकर बोला, "कोई बात नहीं सर! आपको माफी माँगने की कोई जरूरत नहीं है। मैंने आपकी गाड़ी में खुशी-खुशी गैस भरी है। मुझे इस काम में कोई भी तकलीफ नहीं हुई।" गैस भरनेवाले कर्मचारी की बात सुनकर गाड़ी का मालिक गाड़ी में से ही बोला, "अरे, भारी तूफान और बारिश है और तुम कहते हो कि गैस भरते हुए जरा भी परेशानी नहीं हुई।" गैस कर्मचारी मुसकराकर बोला, "जी सर, सचमुच कोई परेशानी नहीं हुई है। दरअसल मैंने हर हाल में खुश रहना सीख लिया है।" अब गाड़ी का मालिक और हैरान हुआ। वह बोला, "तुम हर समय खुश रहते हो। क्या कोई व्यक्ति हर हाल में खुश रह सकता है?" गैस कर्मचारी बोला, "बिल्कुल! यदि कोई व्यक्ति मौत को अपने करीब से देख ले, वह पल-पल मृत्यु की ओर बढ़ रहा हो और उसके मन में जिंदा रहने की चाहत हो तो वह हर हाल में खुश रह सकता है। वियतनाम युद्ध के दौरान शत्रुओं की घेराबंदी में जब पल-पल मौत मेरी ओर बढ़ रही थी, मैंने उसी समय निश्चय कर लिया था कि यदि मैं जीवित बच गया तो अपने जीवन के हर पल को जिंदादिली और खुशी से जिऊँगा। मैं जीवित बच गया और इसके बाद मैंने जीवन के हर पल को नेकी, ईमानदारी और जिंदादिली से जीना शुरू कर दिया। मुझे जीवन का महत्त्व पता है। इसलिए जिंदगी की ये छोटी-मोटी परेशानियाँ मुझे तकलीफ नहीं पहुँचातीं। अरे, जब जीवन है, तभी तो ये छोटी-मोटी तकलीफ हैं। इसके साथ तुम यह क्यों नहीं सोचते

कि इस समय मैं प्रकृति के कितना करीब हूँ। चारों ओर हरियाली छाई है। सड़कें बारिश में नहा रही हैं और मैं भी इन सबके साथ गुनगुनाते हुए बारिश का आनंद ले रहा हूँ।" गैस कर्मचारी की बात सुनकर गाड़ी का मालिक भावुक हो गया। वह गाड़ी से बाहर निकला और तेज बारिश में उस कर्मचारी को गले लगाकर बोला, "आज तुमने मुझे जीवन को अच्छी तरह से जीने की एक बहुत बड़ी सीख दी है।" इसके बाद वह गैस कर्मचारी को सलाम ठोंककर आगे बढ़ गया।

इसी तरह जीवन के ऐसे सच्चे प्रसंग हमें जिंदगी से प्रेम करना सिखाते हैं और हमें इस बात के लिए तैयार करते हैं कि जीवन का अर्थ केवल सुख की नाव में बैठना ही नहीं है, बल्कि वक्त पड़ने पर तेज आँधी, तूफान में अपने दृढ़ निश्चय से दु:ख के तालाब में तैरकर किनारे पर आने का नाम ही जीवन है।

□

नैतिक मूल्यों का महत्त्व

मनुष्य के जीवन में सामाजिक, आर्थिक, राजनीतिक व नैतिक जीवन मूल्य होते हैं, जो उसकी प्रगति को निर्धारित करते हैं। सभी जीवन मूल्यों का महत्त्व है, लेकिन नैतिक जीवन मूल्यों का मनुष्य के जीवन में विशेष महत्त्व है। नैतिक मूल्य व्यक्ति के चरित्र को मजबूत बनाते हैं और उसे हर परेशानी व पीड़ा से उभारने में निर्णायक भूमिका निभाते हैं। नैतिक गुणों और मूल्यों की बुनियाद पर मिली सफलता स्थायी होती है, क्योंकि यह व्यक्ति के चरित्र को बेदाग बनाती है। महान् विद्वान् आचार्य चाणक्य ने भी अपने महान् ग्रंथ 'अर्थशास्त्र' के अंतर्गत सफलता के लिए चारित्रिक और नैतिक गुणों को अनिवार्य बताते हुए कहा है कि "सफलता पाना सबके हाथ में है, लेकिन उसे बनाए रखना चरित्रवान के हाथ में है।"

बचपन से ही बच्चों को आध्यात्मिक परिवेश प्रदान किया जाए तो उनके नैतिक मूल्य सुदृढ़ बन जाते हैं। कहते हैं कि बचपन कुम्हार के चाक की मिट्टी की तरह होता है, जिसे जिस रूप में सँवारा जाए, वह उसी रूप में बन जाता है। आज टेलीविजन, मोबाइल, लैपटॉप ने बच्चों के बाहर खेलने पर लगाम कस दी है। परिणामस्वरूप टेलीविजन पर हिंसक व क्रूर घटनाएँ उनके कोमल मन पर गलत प्रभाव डाल रही हैं, जिससे वे हिंसक बन रहे हैं। समाज में नैतिक मूल्य जीवित हैं, बस उनमें ऊर्जा का समावेश बाकी है। बच्चों को बचपन से ही स्वामी विवेकानंद, महर्षि दयानंद, महर्षि रमण और आधुनिक युग की पीढ़ी के चरित्रवान व्यक्तियों के बारे में जागरूक करके उनके नैतिक मूल्यों को मजबूत किया जा सकता है।

जब महाभारत की बात आती है तो उसमें युधिष्ठिर और कर्ण का व्यक्तित्व उभरता है। कर्ण कौरवों की ओर से लड़ रहे थे, लेकिन उन्होंने युद्ध में नैतिकता बरकरार रखी थी। इस घटना से यह बात स्पष्ट हो जाती है। उस समय कौरव-पांडवों के बीच भयंकर युद्ध चल रहा था। कौरवों की ओर से कर्ण और पांडवों की ओर से अर्जुन एक-दूसरे से भिड़े हुए थे। कभी अर्जुन का पलड़ा भारी पड़ता तो

कभी कर्ण का। अचानक अर्जुन ने अपनी धनुष विद्या का प्रयोग कर कर्ण को पस्त कर दिया। कर्ण धराशायी-सा हो गया। हालाँकि वह भी धनुर्धर था, लेकिन अर्जुन के आगे टिकना मुश्किल हो गया। तभी अवसर पाकर एक भयंकर और विषैला सर्प कर्ण के तूणीर में घुस गया। कर्ण ने अपने तूणीर में से जब बाण निकाला तो उसे उसका स्पर्श कुछ अजीब सा लगा। सर्प बाण की मुद्रा में तूणीर में जा बैठा था। कर्ण ने सर्प को पहचानकर कहा, "तुम मेरे तूणीर में कैसे घुस आए?" इस पर सर्प बोला, "हे कर्ण, अर्जुन ने खांडव वन में आग लगाई थी। उसमें मेरी माता जल गई थी। तभी से मेरे मन में अर्जुन के प्रति विद्रोह है। मैं उससे प्रतिशोध पाने का अवसर देख रहा था। वह अवसर मुझे आज मिला है। आज मैं आसानी से अपनी माता की मौत का बदला ले सकता हूँ। आप मुझे तीर के स्थान पर चला दें। मैं सीधा अर्जुन को जाकर डस लूँगा और कुछ ही क्षणों में उसके प्राण पखेरू उड़ जाएँगे। इससे मेरा प्रतिशोध पूर्ण हो जाएगा और तुम विजयी कहलाओगे।" सर्प की बात सुनकर कर्ण सहजता से बोले, "हे सर्पराज, आप गलत कार्य कर रहे हैं। जब अर्जुन ने खांडव वन में आग लगाई होगी तो उनका उद्देश्य तुम्हारी माता को जलाना हरगिज न रहा होगा। ऐसे में मैं अर्जुन को दोषी नहीं मानता। दूसरा, अनैतिक तरह से विजय प्राप्त करना मेरे संस्कारों में नहीं है। यदि मैं अर्जुन को हराने में सफलता प्राप्त करूँगा तो नैतिक प्रयत्नों से, अनैतिक तरह से कभी नहीं। इसलिए आप वापस लौट जाएँ और अर्जुन को कोई नुकसान न पहुँचाएँ।" कर्ण की नैतिकता देखकर सर्प का मन बदल गया और वह बोला, "हे कर्ण, वाकई तुम्हारे दान और नैतिकता की यह मिसाल युगों-युगों तक दी जाती रहेगी।" सर्प वहाँ से चला गया और उस युद्ध में कर्ण को अपने प्राण गँवाने पड़े।

ऐसी नैतिकता प्रत्येक व्यक्ति में होनी चाहिए। जब व्यक्ति नैतिक रूप से मजबूत होगा तो वह अपनी सफलता से इतिहास रच देगा।

रामेश्वरम् जैसे छोटे से कस्बे के एक दयनीय परिवार के बेटे का महान् वैज्ञानिक और देश का राष्ट्रपति बनना नैतिक व चारित्रिक गुणों की बेहतरीन मिसाल है। डॉ. ए.पी.जे. अब्दुल कलाम के संदर्भ में नैतिक गुण ही इनसान को सर्वश्रेष्ठ बना सकते हैं। उन्होंने अपनी आत्मकथा 'विंग्स ऑफ फायर' में यह कहा भी है कि मेरी जिंदगी को सफल और मेरी सफलता को तभी श्रेष्ठ माना जा सकता है, जब मेरा चरित्र उनसे मेल खाता हो। नैतिक गुणों को ताक पर रखकर सफलता पानेवालों की तो कोई कमी नहीं है, लेकिन वे क्षणिक पुंज होते हैं, जबकि चरित्र और नैतिक मूल्यों को अपने हृदय में सँजोए व्यक्ति चरित्रवान और चमकते सूरज होते हैं। ऐसे

चरित्रवान व्यक्ति अपनी सफलता की चमक से अन्यों को मार्ग दिखाते हैं। आए दिन बच्चियों व युवतियों के साथ होनेवाले कुकृत्यों में मुख्यत: निम्न वर्ग के अशिक्षित लोग शामिल होते हैं। इन्हें नैतिक शिक्षा स्कूलों के माध्यम से ही प्राप्त हो सकती है। प्रत्येक शिक्षक व शिक्षित व्यक्ति यदि बचपन से ही अपने आसपास के बच्चों को नैतिक ज्ञान प्रदान करे तो ऐसे बच्चों का जीवन सँवर जाता है। आगे चलकर यही बालक बड़े होकर नैतिकता के बल पर अपनी मेहनत व कर्मठता से मनचाही सफलता प्राप्त कर सकते हैं। अध्यात्म व्यक्ति को हिंसक प्रवृत्ति से दूर रखता है और उनके अंदर 'वसुधैव कुटुंबकम्' की भावना जगाता है। जब व्यक्ति प्रत्येक मनुष्य के प्रति समभाव रखता है तो उसके अंदर कुत्सित भावनाएँ पनप ही नहीं पातीं। युवकों की कुंठा व तनाव को दूर करने के लिए यह आवश्यक है कि उन्हें नैतिक और व्यक्तित्व विकास की कार्यशाला में शामिल किया जाए। आध्यात्मिक कार्यशालाएँ व संगति बुरे-से-बुरे व्यक्ति को नैतिक मापदंडों पर खरा उतार सकती हैं। जब देश में हर व्यक्ति नैतिकता से परिपूर्ण होगा तो हर ओर शांति व प्रसन्नता का माहौल होगा। नैतिक मूल्य प्रत्येक व्यक्ति के जीवन को सार्थक करते हैं।

□

प्रेम की दवा

जब व्यक्ति बीमार हो जाता है तो उसी के अनुसार वह दवा का सेवन करता है। सभी दवाइयाँ बाजार से खरीदनी पड़ती हैं, लेकिन एक दवा ऐसी है, जिसे व्यक्ति को बाजार से नहीं खरीदना पड़ता। वह दवा प्रत्येक व्यक्ति के पास है और उसके सहारे वह हर बड़ी-से-बड़ी बीमारी व समस्या को दूर कर सकता है। वह दवा प्रेम है। प्रेम इनसान के अंदर की एक ऐसी भावना है, जो उस समय बढ़ती है, जब व्यक्ति किसी से गहराई से जुड़ता है। यह जुड़ाव माता-पिता, बच्चे, पति-पत्नी, प्रेमी-प्रेमिका, पुस्तकों, पशु-पक्षी, प्रकृति अथवा किसी से भी हो सकता है। जब व्यक्ति सकारात्मक भावों के साथ इनसे प्रेम करता है तो जिंदगी बेहद खूबसूरत हो जाती है।

महान् कवि नजीर अकबराबादी बहुत दयालु इनसान थे। उन्होंने रोटी से लेकर चूहों तक पर सरल भाषा में नज्में लिखकर ख्याति प्राप्त की थी। नजीर साहब की दयालुता व उनके प्रेम की भावना को देखकर अच्छे-अच्छे उनके सामने हथियार डाल दिया करते थे और उनके सामने नतमस्तक होकर यह प्रण करते थे कि आगे से वे भी अपने अंदर दयालुता, विनम्रता, सच्चाई, नेकी व परहित की भावना को विकसित करेंगे, जिससे कि उनका जन्म भी सार्थक हो जाए। वे आगरा में राजा विलासराय के बच्चों को पढ़ाने के लिए जाया करते थे। एक दिन बच्चों को पढ़ाते समय उन्हें राजा का क्रोधित स्वर सुनाई दिया। राजा क्रोध से अपने कारिंदे को एक घोड़े की ओर इंगित कर कह रहे थे, "इस उपद्रवी घोड़े को गोली मार दो। हम इंतजार कर रहे थे कि कुछ समय बाद यह घोड़ा स्वयं सुधर जाएगा, किंतु इसने तो उत्पात मचाकर रख दिया है। जैसे ही कोई इस पर सवारी करने को सवार होता है, यह वैसे ही उसे जोर की पटकनी देकर घायल कर देता है। अनेक लोग इस घोड़े की बदसुलूकी का शिकार हो चुके हैं। इसलिए अब इस खुराफाती घोड़े का जीवित रहना बेकार है।" राजा की बात सुनकर नजीर साहब बेकसूर घोड़े को मौत के मुँह में जाते देख द्रवित हो गए और तुरंत राजा के पास आकर बोले, "महाराज, इस

घोड़े को आप मरवाइए नहीं, हमें दे दीजिए।" यह सुनकर राजा आश्चर्यचकित हो गया और बोला, "नजीरजी, यदि आप इस घोड़े पर बैठेंगे तो फिर हमारे बच्चों को कौन पढ़ाएगा?" राजा के यह कहने पर नजीरजी बोले, "महाराज, आप घबराइए मत, हमें कुछ नहीं होगा। हम आपको इस बात का भरोसा दिलाते हैं।" नजीर साहब के अनेक बार ऐसा बोलने पर राजा ने घोड़ा उन्हें दे दिया। घोड़ा शांत भाव से उनके साथ चला गया। दूसरे दिन राजा समेत उनके सभी कारिंदे यह देखकर आश्चर्यचकित रह गए कि नजीर साहब उसी घोड़े पर आराम से सवारी कर उनके बच्चों को पढ़ाने के लिए आए हैं। उन्हें हैरान देख नजीर साहब मुसकराते हुए बोले, "महाराज, इसमें इतनी हैरानी न करिए। इस मूक प्राणी को भी मुहब्बत समझने की अक्ल खुदा ने दी है।" यह सुनकर राजा अत्यंत शर्मिंदा हुए और जान गए कि हर प्राणी प्रेम का भूखा होता है। फर्क यह है कि अनेक व्यक्ति प्रेम की भाषा नहीं समझ पाते। इसके बाद वह घोड़ा जीवनपर्यंत नजीर साहब की सेवा करता रहा।

'द बायोलॉजी ऑफ लव' पुस्तक के लेखक डॉ. जेनव कहते हैं, "मनुष्य एक संवेदनशील जीव है, इसलिए प्रेम जैसी भावना की कमी उसके विकास और जीने की क्षमता को कमजोर कर सकती है।" मनोवैज्ञानिक प्रेम को मनुष्य के अंदर उपस्थित सबसे मजबूत और सकारात्मक संवेदना के रूप में देखते हैं और मानते हैं कि इससे शरीर में गहरे बदलाव आते हैं। जिस तरह दवा रसायनों के मिश्रण से बनती है, उसी तरह प्रेम की दवा में भी रसायनों का ही हाथ है। फैरिस स्टेट यूनिवर्सिटी, मिशिगन के वैज्ञानिक रॉबर्ट फ्रेयर के अनुसार प्रेम मानव शरीर में उपस्थित न्यूरोकैमिकल के कारण होता है। न्यूरोकैमिकल फिनाइल इथाइल एमाइन रसायन व्यक्ति को प्रेम की गहनता तक ले जाता है और व्यक्ति को उन खुशियों तक पहुँचाता है, जिन्हें वह पाना चाहता है। अकसर व्यक्ति को बीमारी, तनाव अथवा डिप्रेशन के समय परिवार के साथ समय बिताने, प्रकृति को निहारने, सकारात्मक पुस्तकें पढ़ने और मधुर संगीत सुनने की सलाह दी जाती है। इसके पीछे मनोवैज्ञानिक तर्क यही है कि ये सब प्रेम के रूप हैं और व्यक्ति के लिए दवा का काम करते हैं। श्री श्री रविशंकर प्रेम के संदर्भ में कहते हैं, "प्रेम तो ऐसी दवा है, जिसकी कोई एक्सपायरी डेट नहीं होती, यह हमेशा हर मौके पर कारगर होती है।" प्रेम की दवा को अपना साथी बनाना बहुत सरल है। इसके लिए व्यक्ति को बस अपने अंतर्मन से इस बात को स्वीकार करना है कि मुझे पूरी सृष्टि से प्रेम है। मुझे हँसते-रोते इनसानों से, फूल-पत्तों से, गुनगुनी सुबह से, सुरमई शाम से, चिड़ियों के कोलाहल से, नदियों के राग से, सभी से प्रेम है। प्रेम एक ऐसी दवा है, जो जिसके पास जितनी अधिक होती है, उसे उतनी

अधिक स्वस्थ, सुंदर और हँसमुख बनाती है।

कई बार व्यक्ति जब दवा का सेवन करता है तो उसे कई खाद्य पदार्थों व वस्तुओं से परहेज करना पड़ता है, लेकिन प्रेम की दवा में ऐसा बिल्कुल नहीं हैं। इस दवा को लेने से व्यक्ति को अधिक भूख लगती है, उसका मन नई-नई व स्वादिष्ट चीजें खाने के लिए करता है। प्रेम शरीर को अधिक सुंदर बना देता है और व्यक्ति प्रकृति व अध्यात्म के करीब पहुँच जाता है। प्रेम की भावना में अध्यात्म जुड़ जाए तो व्यक्ति के अंदर सद्भावनाओं का समावेश हो जाता है। सद्भावनाओं के बल पर व्यक्ति कार्य के प्रति लगनशील और जुझारू हो जाता है, जो व्यक्ति को सफलता दिलाता है। प्रेम में अकसर लोग गलत मार्ग से सही मार्ग पर भी आ जाते हैं। प्रेम एक दवा ही नहीं, बल्कि ऐसा अस्त्र है, जो व्यक्ति की बुराइयों को पराजित कर उसे एक नेक व पवित्र इनसान बनाता है। यदि जीवन में आनेवाले प्रत्येक व्यक्ति के साथ प्रेम और विनम्रता से पेश आया जाए तो व्यक्ति के आपसी संबंध मधुर बन जाते हैं। आपसी संबंध मधुर रहने से व्यक्ति क्लेश, वैमनस्य और ईर्ष्या से दूर रहता है। प्रेम व्यक्ति को अनेक दुर्भावनाओं से बचाता है। जब व्यक्ति तनाव व परेशानी में हो तो उसे एकांत के बजाय ऐसे लोगों के साथ रहना चाहिए, जो उससे प्रेम करते हों। ऐसा करने से व्यक्ति असफलता और तनाव से सहजता से दूर हो जाता है।

जब व्यक्ति प्रेम की भावना को महसूस करने लगता है तो वह तन-मन से सुंदर हो जाता है। इसलिए प्रेम को हर क्षण अपने हृदय में जीवित रखना चाहिए, क्योंकि इससे न सिर्फ व्यक्ति का जीवन सुंदर बनता है अपितु प्रेम में व्यक्ति को सारी पृथ्वी, प्रकृति और प्राणी सुंदर और गुनगुनाती हुई लगने लगती हैं, जो व्यक्ति को सकारात्मक दिशा में सफलता की ओर प्रेरित करती हैं।

□

आशा का दीया

मनुष्य के जीवन में सुख-शांति, यश-समृद्धि के अतिरिक्त वेदना, पीड़ा, तनाव, चिंताएँ आदि आती-जाती रहती हैं। सुख-शांति, यश-समृद्धि मनुष्य को खुशी देती हैं। वह अपने जीवन में अधिक उत्साहित व आशान्वित होकर काम करने लगता है। वहीं जरा सी पीड़ा, परेशानी कई मनुष्यों का मानसिक संतुलन बिगाड़ देती है और ऐसे व्यक्ति अपने जीवन में आशा के द्वार बंद करके अंधकार में जीने लगते हैं। आशा एक ऐसी संजीवनी है, जो मृतप्राय व्यक्ति को जीवन देती है, उन्हें सद्कर्म करने पर प्रगति की ओर ले जाती है।

एक बार एक युवक एक ऋषि के पास गया और बोला, "महाराज, मुझे जीवन में हर जगह असफलता ही मिली है। अब तो मुझे अपना जीवन ही व्यर्थ लगने लगा है। क्या कोई ऐसी तरकीब है, जिससे मैं जीवन में सफलता पा सकूँ और स्वयं से प्रेम कर सकूँ। क्या हर तरफ से प्रताड़ना और असफलता मिलने पर अब भी मेरे अंदर आत्मविश्वास व शांति का संचार हो सकता है?" ऋषि बोले, "बिल्कुल। तुम अभी भी जीवन में सफलता पा सकते हो और अपने जीवन से प्रेम कर सकते हो।" युवक हैरानी से बोला, "कैसे महाराज?" ऋषि बोले, "आओ, पहले मैं तुम्हें कुछ दिखाता हूँ।" इसके बाद वह युवक को एक कमरे में ले गए। वहाँ पाँच दीये जल रहे थे। ऋषि युवक को एक दीये के पास ले जाकर बोले, "यह प्रेम का दीया है।" वे उसे बुझाकर आगे बढ़े। दूसरे दीये के पास जाकर बोले, "यह शांति का दीया है।" उसे बुझाकर तीसरे दीये के पास जाकर उसे बुझाते हुए बोले, "यह आत्मविश्वास का दीया है।" फिर चौथे दीये को बुझाते हुए बोले, "यह साहस का दीया है।" पाँचवाँ दीया जलता रहा। उसे ऋषि ने नहीं बुझाया। यह देखकर युवक बोला, "आपने पाँचवाँ दीया क्यों नहीं बुझाया?" ऋषि बोले, "इस समय तुम्हारे पास प्रेम, शांति, आत्मविश्वास और साहस का अभाव है। क्या तुम मेरी बात से सहमत हो?" युवक बोला, "जी महाराज!" ऋषि बोले, "तुम इन चारों बुझे दीयों को मात्र इस एक दीये से जला सकते हो। क्या तुम ऐसा करना चाहोगे?" युवक खुश होते

हुए बोला, "बिल्कुल महाराज! भला आखिर इस एक दीये में ऐसी कौन सी शक्ति है, जिससे कि ये चारों भी जल सकते हैं।" ऋषि बोले, "यह आशा का दीया है। जिस व्यक्ति के अंदर आशा का दीया जलता रहे, वह प्रेम, शांति, आत्मविश्वास और साहस का दीया जलाकर सरलता से सफलता पा सकता है और अपना जीवन सफल बना सकता है।" युवक समझदार था। वह ऋषि से बोला, "महाराज, मैं आपकी बात समझ गया। मैं अब आशा के बल पर ही अपने अंदर प्रेम, शांति, आत्मविश्वास और साहस को उत्पन्न कर अपने जीवन को कामयाब बनाऊँगा।" इसके बाद उसने विपरीत परिस्थिति में भी आशा कां दामन नहीं छोड़ा। आशा के बल पर ही वह विपरीत परिस्थितियों से संघर्ष कर न सिर्फ जीवन में सफल हो पाया, बल्कि हर क्षेत्र में उसने आशातीत सफलता और यश प्राप्त किया।

अच्छे व बुरे पल प्रत्येक मनुष्य के जीवन में आते हैं। अच्छे व सुनहरे पल उज्ज्वलता के सूचक होते हैं तो बुरे पल कालिमा से भरे हुए होते हैं। स्वेट मार्र्डेन का मानना है कि "मनुष्य को सदा अपने सामने जीवन का उज्जवल पक्ष ही रखकर सोचना चाहिए। जीवन के उज्जवल पक्ष को सामने रखनेवाला व्यक्ति आशावादी होता है। बुरे विचारों से घिरा रहनेवाला व्यक्ति निराशावादी होता है।" आशा के कारण ही व्यक्ति गंभीर बीमारियों से भी मुक्ति पा लेता है और अपने जीवन को निरोग, स्वस्थ और सफल बनाता है। मनुष्य के जीवन में परेशानियाँ, भय न हों, यह हो ही नहीं सकता। वास्तव में आशा की जन्मदाता भी पीड़ा व चिंताएँ ही हैं, लेकिन आशा को उत्पन्न करने के लिए व्यक्ति में दुःखों व गमों को सहने का साहस होना चाहिए। हालाँकि जो मनुष्य दृढ़ निश्चयी व मन से मजबूत होते हैं, वे चिंता, पीड़ा और असफलता में और निखर उठते हैं व सफलता को प्राप्त करके ही दम लेते हैं। विलियम काउपर तो यह मानते ही हैं, "जिसे कभी भय नहीं हुआ, उसे कोई आशा भी नहीं होती।" आशा, आत्मविश्वास व सफलता भय, चिंता और पीड़ा से ही उपजती हैं। आशा और आत्मविश्वास किसी चमत्कार से मनुष्य के अस्तित्व में उत्पन्न नहीं होते अपितु उन्हें मनुष्य स्वयं अपने प्रयासों से उत्पन्न करता है और जीवन को निडरता व चुनौती से जीने के लिए स्वयं को तैयार करता है। मनुष्य को आरंभ से ही अपने अंदर आशा और आत्मविश्वास को उत्पन्न कर लेना चाहिए। डेल कार्नेगी कहते हैं, "आत्मविश्वास बढ़ाने की रीति यह है कि तुम वह काम करो, जिसे करते हुए तुम डरते हो। इस प्रकार ज्यों-ज्यों तुम्हें सफलता मिलती जाएगी, तुम्हारा आत्मविश्वास बढ़ता जाएगा।" जीवन में सफलता पाने के लिए आशा और आत्मविश्वास से बड़ा व सच्चा मित्र कोई हो ही नहीं सकता। आशा का दीया

न केवल दूसरों को राह दिखाता है, बल्कि वह हारे हुए, तनावग्रस्त, बीमार और चिंताग्रस्त व्यक्ति को गले लगाकर उनके सारे संताप को हरता है। मनुष्य की आशा इतनी बलवती होनी चाहिए कि वह जब भी गिरे तो उठकर खड़ा अवश्य हो। ठोकर खाकर और गिरकर ही व्यक्ति चैंपियन बन पाता है।

इस दुनिया में कोई बालक ऐसा नहीं है, जो बचपन में अपने पैरों पर खड़े होकर चलने का प्रयास करते समय गिरा न हो। जब एक बालक आशा के बल पर बार-बार नीचे गिरकर न सिर्फ पैरों पर खड़ा होता है, बल्कि दौड़ता भी है तो एक सामान्य व्यक्ति तो बालक से अधिक बुद्धिमान, समझदार और ताकतवर होता है। ऐसे में वह क्यों डरे या घबराए, जबकि आशा जैसे दीपक की ज्योति उसके पास है।

आशारूपी संजीवनी ने हेलेन केलर, बीथोवन, थॉमस अल्वा एडीसन, आइंस्टीन को अमर बना दिया। आशा के सहारे ही अंग्रेजी के महान् लेखक नाथानिएल हौथोर्न कामयाब हो पाए। उन्हें कस्टम हाउस की नौकरी से निकाल दिया गया था। तब उनकी पत्नी सोफिया उनसे मुसकराकर बोलीं, "जीवन का काम नाकामयाबी में धैर्य और आशा से संघर्ष करते हुए काम करते रहना है। अगर आपका यह रास्ता बंद हुआ है तो इसके साथ ही एक ऐसा रास्ता खुला है, जो आपको भविष्य में सबके सामने प्रसिद्ध कर देगा।" पत्नी की बात सुनकर नाथानिएल की आशाएँ बढ़ गईं। अब उन्होंने अपना पूरा समय लेखन को देना शुरू कर दिया। वे गहरे आत्मविश्वास और आशा से लेखन में जुट गए। एक साल खत्म होने से पहले ही उन्होंने विक्टोरिया युग का महान् उपन्यास 'द सकेलेंट लैटर' लिखा। आज भी इस महान् लेखक को इस उपन्यास से पहचाना जाता है। वे अपने लेखन की सफलता का श्रेय आशा को ही देते थे। आशा के कारण ही वह विपरीत परिस्थितियों से जूझकर कामयाबी का इतिहास रच पाए।

जीवन में यदि आशा का दीया जलता रहे तो फिर किसी भी दीये के बुझने की चिंता नहीं होती, क्योंकि आशा का दीया प्रत्येक बुझे दीये को फिर से जला देता है और व्यक्ति के जीवन में खुशियों और सफलता के ऐसे अनगिनत दीयों को जला देता है, जिनका प्रकाश पूरे परिवार और समाज को जगमग करता है।

□

छोटी-छोटी बातें

अकसर लोग छोटी-छोटी बातों को नजरअंदाज कर देते हैं। वे उन्हें महत्त्वहीन और मामूली समझते हैं, किंतु कई बार छोटी-छोटी बातें बड़े आविष्कारों, कार्यों व कामयाबी का ऐसा नया इतिहास रचती हैं, जिनकी कल्पना मानव नहीं कर सकता। परमाणु अत्यंत छोटा होता है, लेकिन जब यही परमाणु बम बन जाता है तो यह पूरी सृष्टि का विध्वंस करने की ताकत रखता है। उसी तरह नन्ही सी चींटी का अस्तित्व नजर भी नहीं आता, लेकिन यही चींटी विशालकाय हाथी की मौत का कारण बन जाती है। अनेक आविष्कार भी छोटी-छोटी बातों पर ध्यान देकर ही निकले हैं। जेम्सवाट की छोटी-से-छोटी बात पर भी विचार करने की आदत थी। इसलिए जब उन्होंने उत्सुकता से अँगीठी पर रखी केतली में उबलते पानी को देखा तो उससे उठनेवाली भाप ने उनका ध्यान आकर्षित किया। भाप से केतली का ढक्कन ऊपर-नीचे हो रहा था। यह बहुत छोटी सी बात थी, किंतु जेम्सवाट ने भाप में छिपी शक्ति को पहचानकर विश्व को रेलगाड़ी, बड़ी-बड़ी मिलें और इंजन प्रदान किए। इसी तरह सर आइजक न्यूटन ने एक वृक्ष से सेब गिरने जैसी छोटी सी बात पर सार्वत्रिक गुरुत्वाकर्षण का नियम खोज डाला। बहुत मामूली और छोटी सी लगनेवाली इन बातों ने बहुत बड़े आविष्कार विश्व के सामने प्रस्तुत किए। माइकल एंजिलो भी कहते हैं, "छोटी-छोटी बातों से पूर्णता मिलती है, और पूर्णता कोई छोटी बात नहीं है।" बच्चों को भी बचपन में छोटी-छोटी सार वाली बातें बताकर उनका जीवन सफल किया जा सकता है। बच्चे छोटी बातों से जल्दी समझते हैं। यही छोटी बातें उनके जीवन को तराशकर उन्हें भविष्य में एक अच्छा नागरिक बनाती हैं। एक बालिका गौंझा अत्यंत चंचल थी। गोलमटोल, गुदगुदी और गुलाबी गौंझा अपनी सहेलियों के बीच अत्यंत लोकप्रिय थी। गौंझा अपनी सहेलियों के साथ अकसर दूसरे लोगों की नकल उतारा करती थी और फिर सभी सहेलियाँ मजाक-मजाक में हँसती थीं। एक दिन गौंझा अपने भाई-बहनों के साथ बैठी थी। सभी अपनी और स्कूल की बातें एक-दूसरे को

बताकर हँस पड़ते थे। अचानक नन्ही गौंझा अपनी सहेलियों की बातें अपने भाई-बहनों को बताने लगी। भाई-बहन नन्ही गौंझा की बातों को मन लगाकर सुन रहे थे। जब गौंझा ने बात-बात पर डाँटनेवाली अपनी अध्यापिका की नकल उतारकर दिखाई तो सभी का हँसते-हँसते बुरा हाल हो गया।

भाई-बहनों के बीच हँसी के फव्वारे छूट ही रहे थे कि अचानक बच्चों के कमरे की लाइट बुझ गई। तीनों बच्चों ने देखा कि सड़क पर और पूरे पड़ोस में रोशनी थी, केवल उन्हीं के कमरे में लाइट नहीं थी। वह वहाँ से भागकर अपनी माँ के कमरे में गए तो देखा कि वहाँ पर लाइट जल रही थी। बच्चे माँ से बोले, "माँ! हमारे कमरे की लाइट कैसे चली गई? सब जगह तो लाइट आ रही है।" बच्चों की बात सुनकर माँ बोली, "तुम्हारे कमरे की लाइट मैंने बंद की है।" इस पर बच्चे हैरानी से माँ से बोले, "माँ, तुमने हमारे कमरे की लाइट क्यों बंद की?" माँ बोली, "दूसरों की आलोचना और नकल निकालने के लिए बिजली का खर्चा मुझसे सहन नहीं होगा। ऐसी बेकार की बातों के लिए बिजली जलाना उसका दुरुपयोग करना है।" यह सुनकर बच्चों ने अपना मुँह नीचे झुका लिया। बच्चों को अपनी गलती का अहसास होते देखकर माँ उनसे बोली, "किसी के व्यक्तिगत जीवन के बारे में बातें करना और आलोचना करना सभ्य लोगों का काम नहीं है।" बच्चों ने माँ की यह बात गाँठ बाँध ली। बालिका गौंझा के आनेवाले जीवन को बचपन की इन सुंदर यादों, छोटी-छोटी बातों और संस्कारों ने अत्यंत प्रभावित किया। किफायती, सादगी, सेवाभावना और नम्रता इस बालिका के जीवन में इस कदर घुल-मिल गईं कि उन्होंने अपना संपूर्ण जीवन ही मानव सेवा के नाम कर दिया। बालिका गौंझा को ही आज पूरा विश्व मदर टेरेसा के नाम से जानता है। नन्ही बालिका गौंझा की माँ ने छोटी-छोटी बातों के उदाहरण देकर उन्हें मदर टेरेसा जैसी महान् शख्सियत में ढलने की योग्यता प्रदान की।

व्यस्त जीवन में लोग छोटी बातों पर ध्यान देने की जरूरत भी नहीं समझते। अकसर कई बार बड़ी बातों पर गंभीरता से विचरण करने पर भी कुछ हाथ नहीं लगता, वहीं कई बार मामूली सी छोटी लगनेवाली बातें चमत्कारिक असर उत्पन्न करती हैं। मनोविज्ञानी लॉरा किंग कहती हैं, "कई बार बच्चे की बात को छोटी सी कहकर नजरअंदाज कर दिया जाता है। वहीं यदि उसकी छोटी सी बात पर ध्यान दिया जाए तो घर-परिवार की समस्याएँ; यहाँ तक कि झगड़े भी सहजता से सुलझ जाते हैं।" इसी तरह कई बार माता-पिता भी अपने बच्चे को सुधारने के लिए बुरी तरह डाँटते हैं व उसकी गलती पर भारी सजा देते हैं। इसके बजाय यदि बच्चे को

छोटे उदाहरण या बातों से समझाने का प्रयास किया जाए तो परिणाम सकारात्मक निकलता है और बच्चा अपनी गलती से सीख लेते हुए आगे बढ़ता है। वहीं कई बार बड़ी सजा बच्चे को अधिक विद्रोही और नकारात्मक बना देती है।

इसलिए जीवन में छोटे लगनेवाले कामों और बातों पर भी थोड़ा ध्यान देने की आवश्यकता है, क्या पता कल इन्हीं छोटी बातों में से कोई महत्त्वपूर्ण व उपयोगी तथ्य समाज के साथ-साथ आपके जीवन को भी एक नया मोड़ दे दे। छोटी बातें ज्यादा सकारात्मक, असरकारक व प्रभावशाली होती हैं और व्यक्ति के व्यक्तित्व को बहुआयामी मोड़ देती हैं।

□

चिंता हटाएँ, सुख पाएँ

लोगों ने अपने मन-मस्तिष्क में चिंता को बसा रखा है। चिंता को खुशी व प्रसन्नता से ही दूर किया जा सकता है, लेकिन मुसीबत, तनाव के समय अकसर लोग प्रसन्नता व आनंद से बिल्कुल दूर हो जाते हैं। असफलता या परेशानी के समय चिंता लोगों के अंदर घर कर जाती है और उन्हें खोखला कर देती है। चिंता की स्थिति में व्यक्ति की नाड़ी की गति तेज हो जाती है। आँखें जलने लगती हैं। कनपटियों पर ढोल-से बजने लगते हैं, हाथ-पैरों में नियमित दर्द महसूस होने लगता है। पाचन-क्रिया बिगड़ जाती है। ब्लड प्रेशर, डायबिटीज जैसे अनेक रोग चिंता के कारण शरीर व मन में अपना घर बना लेते हैं। इसलिए इससे दूर रहना अनिवार्य है। चिंता एक ऐसी दीमक के समान है, जो व्यक्ति को अंदर-ही-अंदर खाती रहती है और जब व्यक्ति को होश आता है, तब तक वह चिंता में जलकर राख हो जाता है। एक बार दो वैज्ञानिक आपस में बातें कर रहे थे। युवा वैज्ञानिक उज्ज्वल और वृद्ध वैज्ञानिक प्रकाश दोनों खोजों में लगे हुए थे। वृद्ध वैज्ञानिक बोला, "उज्ज्वल, चाहे विज्ञान कितनी भी प्रगति क्यों न कर ले, लेकिन वह अभी तक ऐसा कोई उपकरण नहीं ढूँढ़ पाया है, जिससे चिंता पर लगाम कसी जा सके।" प्रकाश की बात सुनकर उज्ज्वल मुसकराते हुए बोला, "सर, आप भी कैसी बातें करते हैं। अरे, चिंता तो मामूली सी बात है। भला उसके लिए उपकरण ढूँढ़ने में समय क्यों व्यर्थ किया जाए?" प्रकाश बोले, "नहीं उज्ज्वल, तुम गलत कह रहे हो। चिंता बहुत भयानक होती है। यह व्यक्ति का सर्वनाश कर देती है।" लेकिन उज्ज्वल नहीं माना। यह देखकर प्रकाश उसे अपने साथ घने जंगलों की ओर ले गए। वहाँ पर एक विशालकाय वृक्ष था। उज्ज्वल बोला, "सर, आप मुझे यहाँ क्यों लाए हैं?" प्रकाश उस वृक्ष को देखकर बोले, "जानते हो, प्रकृति के वैज्ञानिकों ने इस वृक्ष की उम्र चार सौ वर्ष बताई है।" उज्ज्वल बोला, "सर, अवश्य होगी। ऐसे कितने विशालकाय वृक्ष होते हैं, जो लंबी आयु के होते हैं।" उज्ज्वल प्रकाश सर की बातें नहीं समझ पा रहा था। प्रकाश उसे समझाते हुए

बोले, "इस वृक्ष पर चौदह बार बिजलियाँ गिरीं। चार सौ वषर्ों से अनेक तूफानों का इसने सामना किया। इस पर अनेक हिमपात हुए। यह वृक्ष सबकुछ सहता रहा।" अब उज्ज्वल झुँझलाकर बोला, "सर, आप साबित क्या करना चाहते हैं?" प्रकाश बोले, "धैर्य रखो। यहाँ आओ और देखो कि इसकी जड़ में दीमक लग गई। उस दीमक ने इस वृक्ष की छाल को कुतर-कुतरकर धराशायी कर दिया है।" उज्ज्वल बोला, "जी सर, अब निष्कर्ष बताइए।" प्रकाश बोले, "निष्कर्ष यह है कि जिस तरह जंगल का यह विशाल वृक्ष बिजली से नष्ट नहीं हुआ, तूफान से धराशायी नहीं हुआ, लेकिन एक छोटी सी दीमक उसे चट कर गई, उसी तरह चिंता की दीमक भी एक सुखी-समृद्ध और अच्छे-खासे व्यक्ति को चट कर जाती है।" निष्कर्ष सुनकर उज्ज्वल दंग रह गया और बोला, "जी सर, आप सही कहते हैं कि चिंता की दीमक व्यक्ति को नष्ट कर देती है।" इस बात से सहमत होने के बाद वह प्रकाश सर के साथ वापस आ गया।

चिंता का सीधा अर्थ है इच्छानुसार कार्य करने की असमर्थता। चिंता के शरीर में घर करते ही मन की भाँति शरीर के अंग पहले अस्थायी, बाद में स्थायी रूप से शिथिल एवं अकर्मण्य हो जाते हैं। चिंता से पहले मन निष्क्रिय होता है, बाद में मस्तिष्क क्रियाशून्य हो जाता है। वास्तव में चिंता की अपनी कोई शक्ति नहीं होती, इसे मनुष्य ही अपनी शक्ति की ऊर्जा से जगाते हैं और अपने ऊपर अधिकार करने के लिए प्रोत्साहित करते हैं। जैसे-जैसे चिंता व्यक्ति के मन में व्याप्त होती जाती है, वैसे-वैसे उसकी प्रतिरोधक क्षमता घटती जाती है और वह अनेक शारीरिक व मानसिक व्याधियों से ग्रसित हो जाता है। कई बार तो चिंता इतनी जानलेवा साबित होती है कि व्यक्ति अपनी चेतना ही खो बैठता है और उसका अच्छा-खासा जीवन इसी चिंता की भेंट चढ़ जाता है।

चिंता को तब अधिक बढ़ावा मिलता है, जब हम इनसे ग्रसित होकर संदेह के शिकार हो जाते हैं। संदेह जाग्रत् होने पर साहस के पैर डगमगाने लगते हैं और साहस के क्षीण होते ही कार्य करने की रुचि मर जाती है। ऐसे में कार्य पूर्ण होना कैसे संभव है? चिंता अत्यधिक विनाशकारी है। यह मनुष्य की आंतरिक शक्ति पर प्रहार करती है। इन सबके विपरीत जो व्यक्ति मन में यह धारणा बनाकर रखते हैं, 'मैं इस कार्य को अवश्य कर डालूँगा' वे कठिन-से-कठिन लक्ष्य को मनोबल के सहारे पूर्ण करके ही दम लेते हैं। ऐसे असंख्य उदाहरण हमारे सामने हैं, जिनमें स्वामी विवेकानंद, स्वामी रामतीर्थ, महात्मा गांधी, सुभाषचंद्र बोस आदि को कभी नहीं भूला जा सकता। चिंता यदि हर पल बेचैन करती रहे तो वह व्यक्ति का सर्वनाश

कर देती है। इसको अलग रूप में स्वस्थ नजरिए से लिया जाए तो जीवन सहज बन जाता है। मसलन प्रगति करने की चिंता और उस चिंता से कर्मरत होने की प्रेरणा, किंतु अधिकतर लोग इसको नकारात्मक नजरिए से देखते हैं, इसलिए इसको पनपने ही न दिया जाए तो ज्यादा अच्छा है।

चिंता के जन्मदाता हम स्वयं हैं। हम खुद ही इसे पाल-पोसकर एक ऐसे वृक्ष में परिवर्तित कर देते हैं, जिसकी जड़ें इतनी मजबूत हो जाती हैं कि कुछ साहसी व्यक्तियों के प्रयासों से भी उन्हें हिलाया नहीं जा सकता। चिंता से मुक्ति संभव है, किंतु इसके लिए प्रत्येक व्यक्ति को अपने कार्य में इतना व्यस्त करना होगा कि उसके मस्तिष्क में इन सब बातों को आने का समय ही न मिले और दूसरा व्यक्ति स्वयं में पढ़ने की प्रवृत्ति डाले। निश्चित रूप से ऐसा करने से न सिर्फ आपका जीवन खुशहाल हो जाएगा, बल्कि आप चिंता पर हमेशा-हमेशा के लिए विजय पा लेंगे और जिस व्यक्ति ने चिंता पर जीत प्राप्त कर ली हो, उसे बड़ी-से-बड़ी कामयाबी प्राप्त करने से कोई नहीं रोक सकता।

□

क्रोध पर नियंत्रण

अधिकतर क्रोध को नकारात्मक भाव समझा जाता है। क्रोध व्यक्त करते समय यदि व्यक्ति रचनात्मक बने तो क्रोध से उत्पन्न होनेवाली अनेक बीमारियों और तनाव की रोकथाम की जा सकती है। डॉक्टरों और मनोवैज्ञानिकों का मानना है कि आवश्कता से अधिक क्रोध करने से कोलेस्ट्रॉल बढ़ता है। रक्तवाहिनियों को हानि पहुँचती है। हृदय की बीमारी की संभावना बढ़ जाती है। प्रतिरोधक क्षमता में कमी व तेजी से संक्रमण की संभावना बनी रहती है और हाइपरटेंशन जैसी बीमारी का भय भी रहता है। क्रोध के समय नकारात्मक भावनाएँ उत्पन्न होकर कई बार महत्त्वपूर्ण रिश्तों में भी जीवन भर के लिए दरार डाल देती हैं। पाइथागोरस कहते हैं, "क्रोध मूर्खता से शुरू होता है और पश्चाताप पर खत्म होता है।" फिर भी कई लोग क्रोध से दूर नहीं रहते। क्रोध को दृढ़ इच्छाशक्ति से नियंत्रित किया जा सकता है।

गुजरिएफ नामक एक व्यक्ति बहुत अधिक क्रोधी थे। उनका क्रोध इतना अधिक था कि वे छोटी-से-छोटी बात पर भी लड़ने को उतारू हो जाते और अपना संतुलन खोकर बदला लिये बिना चैन से नहीं बैठते थे। उनके आक्रामक व्यवहार व क्रोध से उनके माता-पिता, सगे-संबंधी व मित्र सभी परेशान थे। गुजरिएफ के पिता बहुत बीमार थे। जब उनका अंत समय आ गया तो उन्होंने गुजरिएफ से वचन लिया कि वह उनसे वादा करे कि वह आगे से आक्रामक नहीं होगा और चाहे कोई उसकी कितनी भी आलोचना या बुराई करे, वह उसका तत्काल उत्तर न देकर एक दिन का इंतजार करेगा। गुजरिएफ ने पिता का अंत समय देखकर यह वचन दे दिया। उन्होंने वचन तो दे दिया, लेकिन उसे निभाना गुजरिएफ के लिए इतना आसान नहीं था। खैर, पिता के वचन की लाज तो रखनी ही थी। इसलिए अब वे तुरंत आक्रामक नहीं होते थे। एक दिन एक युवक से उनका जोरदार झगड़ा हो गया। मारपीट तक की नौबत आ गई। यह देखकर गुजरिएफ तुरंत कोई जवाब न देकर वापस आ गए और उन्होंने सोचा कि अगले दिन वे इस युवक को अपने अपमान का मजा चखाएँगे। अगले दिन गुजरिएफ को अहसास हुआ कि झगड़े में सारा दोष युवक का ही नहीं अपितु उनका भी था। यदि

वे उससे ज्यादा बहस नहीं करते तो मामला मार-पिटाई तक पहुँचता ही नहीं। इसके बाद ऐसे ही उनके साथ कई मामले हुए। सभी मामलों में उन्होंने यह निष्कर्ष निकाला कि विवाद में दोनों पक्षों की ही गलती होती है। वे अब दार्शनिक बातों व ऐसे विचारों में ही उलझे रहने लगे। विचारों व दार्शनिक बातों की उथल-पुथल ने गुजरिएफ के क्रोध व प्रतिशोध की आदत को ही बदल डाला। अब वे औरों को क्रोध व प्रतिशोध की भावना से दूर रहकर संयम व सहनशक्ति से क्रोध पर विजय प्राप्त करने के लिए प्रेरणा देने लगे। यही गुजरिएफ आगे चलकर यूरोप के महान् संतों में से एक साबित हुए।

क्रोध पर काबू पाया जा सकता है, लेकिन बहुत से लोग ऐसे होते हैं, जो चाहकर भी क्रोध पर नियंत्रण नहीं रख पाते। ऐसे में यदि वे क्रोध को नियंत्रित नहीं कर सकते तो उसे रचनात्मक बनाकर उससे होनेवाली बीमारियों और नुकसान से अवश्य बच सकते हैं। जब किसी व्यक्ति पर क्रोध आने लगे तो उसी क्षण अपनी आँखें बंद कर उस व्यक्ति की हास्यास्पद तसवीर मन में बना लें या किसी चुटकुले का पात्र उस व्यक्ति को बना दें। इसी तरह अपने साथ हास्य-व्यंग्य, प्रेरणा देने वाले व्यक्तियों की पुस्तकें और डायरी हमेशा साथ रखें। जब अंतर्मन में क्रोध से भुजाएँ फड़कने लगें तो तुरंत डायरी और पेन लेकर कुछ भी लिखने बैठ जाएँ। एवाम एसार का मानना है, "क्रोध वह प्रक्रिया है, जिसमें आपका मुँह आपके दिमाग के मुकाबले काफी तेजी से काम करने लगता है।" इसलिए मुँह को बंद करने के लिए रचनात्मक कायर्ों में अपना ध्यान लगाएँ। क्रोध के कारण विचार मन में उत्पन्न न हों तो आड़ी-टेढ़ी रेखाएँ ही पेपर पर खींचें। कई बार अनायास ही आड़ी-टेढ़ी रेखाओं की आकृति में अत्यंत कलात्मकता के दर्शन होते हैं। यदि कुछ लिख सकते हैं तो क्रोध के समय विचारों को लेख और कविता में ढालने का प्रयत्न करें। इस प्रकार क्रोध धीरे-धीरे आपके नकारात्मक भावों को उभारने के बजाय आपकी प्रतिभा और रचनात्मकता को तलाशने का केंद्र बन जाएगा। क्रोध नवरसों में से एक है। जिस तरह जीवन में प्रकाश और अंधकार का सामंजस्य रहता है, उसी तरह प्रसन्नता और मुसकान के साथ क्रोध का भी समावेश रहता है। जीवन में निराशा, भाग-दौड़, दुःख-दर्द, नुकसान आदि लगे रहते हैं, इनसे क्रोध व तनाव उभरता है। इनको जड़ से मिटाना मुश्किल है और मिटाया भी क्यों जाए? हाँ, क्रोध को रचनात्मक बनाकर और क्रोध के समय चुप्पी साधते हुए स्वयं को अन्य कामों में लगाकर आप अपने जीवन की दौड़ में ज्यादा सुखी और स्वस्थ अवश्य रह सकते हैं।

□

बाधा का चक्रव्यूह

कार्य करते समय बाधा का आना अनिवार्य है। बाधा एक ऐसे चक्रव्यूह के समान है, जिसे धैर्य, शांत और सकारात्मक विचारों के साथ पार किया जाए तो व्यक्ति सफलता के शिखर पर पहुँच जाता है। अकसर व्यक्ति सामने आनेवाली बाधा को देखकर घबरा जाते हैं। घबराहट और परेशानी में व्यक्ति के एनर्जी हार्मोन एड्रोनलीन व नोरएड्रीनलीन के स्तर में वृद्धि हो जाती है, जिससे व्यक्ति शारीरिक व मानसिक बीमारियों से ग्रसित हो जाता है और छोटी सी बाधा को भी बड़ी समस्या में परिवर्तित कर लेता है। कोई भी बाधा व्यक्ति को नहीं तोड़ सकती। रिचर्ड हूकर का मानना है, "इनसान तब टूटता है, जब वह खुद से हार जाता है। अगर दुनिया की बात करें, तो वह तुम्हें तब तक नहीं हरा सकती, जब तक कि तुम खुद से न हार जाओ। इसलिए हमेशा अपनी हिम्मत बनाए रखो।" व्यक्ति विश्वास, साहस और काम करने की इच्छा के बल पर हर बाधा की चट्टान को तोड़ सकता है। आस्था एवं आत्मविश्वास से व्यक्ति में हर बाधा का सामना करने की शक्ति आ जाती है। बाधाएँ जीवन का अनिवार्य अंग हैं। यदि व्यक्ति इनसे हार मान ले तो वह जीवन के क्षेत्र में भी हार जाता है। इसलिए जीवन को सफल बनाने के लिए यह जरूरी है कि बाधाओं से बिना घबराए और डरे इनका सामना किया जाए। एक बार एक स्कूल का छात्र अचानक जिद कर बैठा, "आज से मैं स्कूल नहीं जाऊँगा।" उसके पिता ने बड़े प्यार से स्कूल न जाने का कारण पूछा तो उसने कहा, "इस नए स्कूल में लड़के मेरा मजाक उड़ाते हैं।" पिता ने कहा, "इसमें कौन सी नई बात है, कुछ समय बाद वे तुम से घुल-मिल जाएँगे और तुम्हारे मित्र बन जाएँगे।"

लेकिन लड़के ने अपने माता-पिता की बातें नहीं मानीं और पुस्तकों को एक कोने में पटक दिया। पिता ने अपने मित्र को जब अपने बेटे की यह समस्या बताई तो वह मित्र उस लड़के को एक सोते के पास ले गए। उन्होंने एक बड़ा सा पत्थर सोते के बीच में फेंक दिया और कहा, "यह पत्थर पानी के बहाव में रुकावट डाल देगा।" कुछ क्षणों के लिए पानी का वेग रुक गया, लेकिन फिर थोड़ी ही देर में वह

अपनी गति से बहने लगा। वह पत्थर पानी में डूब गया। यह देखकर वह मित्र लड़के से बोले, "बेटा, किसी भी प्रकार की रुकावट या बाधाओं से घबराना नहीं चाहिए। देखो, पानी भी रुकावट पर विजय पाकर पहले की तरह बह रहा है। फिर तुम तो एक मनुष्य हो। मनुष्य तो संसार में कितना कुछ कर सकता है। केवल छोटी सी बाधा आने पर हार मानकर बैठना एक मनुष्य को शोभा नहीं देता। जीवन का दूसरा नाम बाधाएँ ही तो है। फिर बाधाओं से क्या घबराना? बाधाओं पर विजय पाना ही जीवन की कामयाबी है।" लड़के ने इस बात को बहुत गहनता से समझा और अगले ही दिन से स्कूल जाना प्रारंभ कर दिया। कुछ ही दिनों में स्कूल के काफी लड़कों से उसकी मित्रता हो गई और वे साथ-साथ रहने लगे। अब बालक को समझ आ गया था कि जिसे वह बहुत बड़ी बाधा समझ रहा था, वह कोई बाधा ही न थी। हाँ, यदि इस बाधा से घबराकर वह इसका सामना नहीं करता तो इसके चक्रव्यूह में उलझकर रह जाता और उसका सारा जीवन मात्र बाधा का चक्रव्यूह बनकर रह जाता। बाद में इन्हीं लड़कों में से कुछ स्वतंत्रता संग्राम में इस लड़के के अनुयायी भी बने।

यह लड़का और कोई नहीं, बल्कि इंडोनेशिया के पूर्व राष्ट्रपति सुकर्णो थे। इंडोनेशिया को आजाद कराने में इनका बहुत बड़ा योगदान रहा। इन्होंने बचपन में ही बाधा के चक्रव्यूह को तोड़ना सीख लिया था, जिससे आगामी बाधाओं को पार करना उनके लिए सरल हो गया।

बाधा के चक्रव्यूह को तोड़ने के लिए एक प्रसिद्ध मनोवैज्ञनिक तरकीब बताते हुए कहते हैं, "बाधा का सामना करने के लिए सीधे तनकर खड़े हो जाएँ। इस पर सीधे हमला बोल दें। घुटनों के बल चलकर आधी-अधूरी जिंदगी न जिएँ। अपनी बाधाओं का सामना करें। आप पाएँगे कि उन बाधाओं में आपकी कल्पना से आधी शक्ति भी नहीं है।" विंस्टन चर्चिल ने अपनी पुस्तक 'मैक्सिम्स एंड रिफ्लेक्शंस' में ब्रिटिश जनरल ट्यूडर का जिक्र किया है। जनरल ट्यूडर की डिविजन ने भयंकर जर्मन आक्रमण को झेला था। परिस्थितियाँ उनके खिलाफ थीं। बाधाओं का पहाड़ उनका रास्ता रोके खड़ा था। ऐसे में उन्होंने हर बाधा को सामने आने दिया, उसे अपने आप से टकराने दिया और हर बाधा को तोड़ दिया। चर्चिल कहते हैं कि "ट्यूडर की मेरे मन में छवि एक लोहे की खूँटी की तरह है, जो बर्फ के जमे हुए मैदान में गड़ी है और अटल है।" बाधा के चक्रव्यूह को भेदने के लिए किसी भी तरह झुको मत, अपने साहस, आत्मविश्वास, धैर्य और एकाग्रता से उसे दूर करने का प्रयत्न करो। बाधा का चक्रव्यूह भरभराकर गिर पड़ेगा और आपको सफलता प्राप्त होगी।

□

बेटी का दर्द

प्राचीनकाल से ही बेटियों को बेटों से कमतर समझा जाता रहा है। समय के साथ-साथ अनेक रीति-रिवाज बनते गए और उन रिवाजों के अनुसार नारी की जिम्मेदारी घर तक सीमित कर दी गई। धीरे-धीरे अशिक्षित नारी की स्थिति उस पिंजरे में कैद पक्षी की तरह हो गई, जो आसमान में उड़ना चाहता हो, लेकिन पिंजरे में बंद होने के कारण उड़ न पाता हो। समाज में विवाह आदि का प्रारंभ हुआ। इसके साथ ही बेटियों को विवाह के समय धन व सामान देने का रिवाज चल पड़ा। ऐसे में निर्धन माता-पिता बेटी को बोझ समझने लगे। अत्यंत पुराने समय से ही परिवारों में बेटी एक बोझ के समान पलने लगी। अनेक व्यक्तियों ने तो जीवित मासूम कन्या को विभिन्न तरीकों से जीवित ही मारना प्रारंभ कर दिया।

अरब देशों के विभिन्न कबीलों के लोग भी बेटी के जन्म पर उसे तत्काल रेत में गाड़ देते थे। ऐसी ही एक घटना है, जिसमें एक पिता अपनी बेटी की मासूमियत से पिघल गया और कन्या की हत्या के पाप से बच गया। एक कबीले के पिता की कन्या सात साल की हो गई। यह देखकर अन्य कबीले के लोगों ने उसे परेशान करना शुरू कर दिया और बोले, "तुम्हें अपनी कन्या को रेत में दफनाना ही होगा वरना तुम्हें कबीले की जाति से बाहर कर दिया जाएगा।" यह घोषणा सुनकर पिता उदास-सा अपने घर आया। सात साल की बेटी हँसते-मुसकराते हुए उसके गले में गलबहियाँ डालकर झूलते हुए बोली, "पिताजी, आप आ गए।" पिता ने दयनीय होकर अपनी बेटी से कहा, "बेटी, आज हम तुम्हें घुमाने ले जाएँगे।" बेटी ने खुश होकर रोटी बाँधी और पानी से भरा बरतन साथ लिया। पिता बेटी को लेकर चल पड़ा। एक स्थान पर वह रुककर फावड़े से गड्डा खोदने लगा। यह देखकर बेटी उत्सुकता से बोली, "पिताजी, आप यह क्या कर रहे हैं?" पिता ने आँसुओं से भरी आँखें उठाकर कहा, "बेटी, रेत में तुम्हें गरमी लग रही होगी। मैं तुम्हें यहाँ नीचे लिटाऊँगा।" बेटी को कुछ समझ नहीं आया। वह हैरान-सी पिता की बातों

को सोचने लगी। जब गड्ढा गहरा हो गया तो पिता ने बेटी को लेट जाने के लिए कहा। बेटी आँखों में प्रश्न लिये वहाँ पर लेट गई। पिता उसके ऊपर मिट्टी डालने लगा। तभी फावड़े की नोक उसके हाथ में चुभ गई और वहाँ से खून की धारा बह निकली। यह देखकर बेटी जो समझ रही थी कि पिताजी उसके साथ खेल रहे हैं, जल्दी से गड्ढे में से उठी। उसने अपने साथ लाए पानी से पिता के घाव को धोया। अपने पहने हुए कपड़ों में से जल्दी से नन्हे हाथों से उसका कुछ हिस्सा फाड़ा। पहने कपड़े घिस गए थे। इसलिए कपड़ा फट गया। उसने नन्हे हाथों से पिता के घाव पर कपड़ा बाँधा और फिर बोली, "पिताजी, अब खेलते हैं।" जब वह गड्ढे में लेटने लगी तो पिता ने उसे गोद में भर लिया और रोते हुए बोला, "नहीं बेटी, अब मैं यह खेल कभी तेरे साथ नहीं खेलूँगा। जो बेटी पिता का दर्द समझती है, वह पिता बेटी का दर्द क्यों नहीं समझा।" यह बोलकर वह अपनी बेटी को वापस ले आया। कबीले के लोग पिता की बातें सुनकर अपने आँसू नहीं रोक पाए और फिर अनेक लोगों ने अपनी नवजात कन्या को रेत में दबाना बंद कर दिया।

देश में आज भी कन्या के बजाय लड़के को अधिक महत्त्व दिया जाता है। आधुनिक युग में भी कन्या भ्रूण को जन्म लेने से पहले ही खत्म कर दिया जाता है। गर्भावस्था में जब कन्या का भ्रूण समाप्त किया जाता है तो वह भ्रूण माता के पेट में चीख-चीखकर स्वयं को बचाने का प्रयास करता है, लेकिन अफसोस कि हत्यारों से वह नवजात अंकुर बचने में असफल रहता है। अमेरिका में सन् 1984 ई. में डॉ. बर्नार्ड नैथनसन ने कन्या भ्रूण हत्या के समय बनाई अल्ट्रासाउंड फिल्म 'साइलेंट स्क्रीम' में इस बात को विवरण सहित बताया है कि कन्या किस प्रकार औजारों से बचने की कोशिश करते हुए पल-पल अपनी साँसों से लड़कर मौत की गोद में सो जाती है। डॉ. नैथनसन् ने फिल्म में बताया था कि भ्रूण हत्या से पहले बच्ची अपनी माँ की कोख में करवट बदलते हुए आराम से खेल रही होती है। उस समय उसकी हृदय गति 120 की साधारण गति से धड़कती है और जैसे ही औजार उसके टुकड़े-टुकड़े करने के लिए समीप आते हैं, वैसे ही उसकी धड़कन की गति बढ़कर 200 तक पहुँच जाती है और वह उन औजारों से बचने के लिए अपनी माँ की कोख में छिपने का प्रयत्न करती है, लेकिन औजार उस बच्ची के एक-एक अंग को बेरहमी से कुचलते जाते हैं और बच्ची दर्द से छटपटाती हुई जन्म लेने से पहले ही मृत्यु के आगोश में सिमट जाती है।

ईश्वर के द्वारा दी गई जिंदगी लेने का हक किसी को नहीं है। ऐसे में कन्या की हत्या व उसके साथ दुराचार की घटनाएँ दिल दहला देती हैं। एक बेटी परिवार की

रौनक होती है। वह हर घर के सदस्य की खुशी, हँसी और कार्य का कारण बनती है। अनेक बेटियों ने आज देश का नाम रोशन किया है। इनमें मदर टेरेसा, इंदिरा गांधी, लता मंगेशकर, इंदिरा नूई, कल्पना चावला, ऐश्वर्या राय, मेरी कॉम, सानिया मिर्जा, साइना नेहवाल, अरुणिमा सिन्हा आदि शामिल हैं। एक बेटी हर मुसीबत व परेशानी के समय अपने माता-पिता, भाई-बहन का सहारा बनती है। बेटी अपने सोच व योग्यता से जमाने को झुकाने की ताकत रखती है, पर उसके लिए उसका जीवित होना जरूरी है। बेटी को एक बार खुले आसमान में उड़ने का मौका दीजिए, फिर देखिए, कैसे वह देश, समाज व परिवार को शीर्ष पर पहुँचा देती है।

□

सच के साथ

सच व्यक्तिगत आजादी की दिशा में बढ़ाया गया एक कदम है। सच बोलने की आदत डालने में व्यक्ति को काफी समय लगता है, लेकिन जब एक बार सच बोलने की आदत पड़ जाए तो व्यक्ति का आत्मविश्वास और आत्मसम्मान खुद-ब-खुद बढ़ जाता है। उसका जीवन स्वयं व दूसरों के लिए दर्पण की तरह पारदर्शी बन जाता है। सच बोलनेवाले व्यक्ति के पास जो हिम्मत होती है, वह झूठ बोलनेवाले के पास नहीं होती। पर्ल एस.बक कहते हैं, "सच हमेशा रोमांचक होता है। उसे तुरंत बोल देना चाहिए। सच के बिना जीवन नीरस होता है।" जब व्यक्ति झूठ के साथ चलता है तो उसे लगातार छल करना पड़ता है। एक झूठ के लिए कई और झूठ बोलने पड़ते हैं, जिससे झूठ व्यक्ति के जीवन का एक अंग बन जाता है। 'डू आई हैव टू गिव अप मी टू बी लव्ड बाय यू' की लेखिका का मानना है, "अकसर व्यक्ति अपने बचाव में झूठ बोलते हैं और इसकी आदत उन्हें बचपन से ही हो जाती है।" बचपन में बच्चे मिट्टी खाने की बात, पिटाई के डर या लालच में झूठ बोलना सीख जाते हैं। यदि उनके झूठ को बचपन में ही रोक दिया जाए और सच बोलने पर ध्यान दिया जाए तो बच्चा सच के साथ जीवन में आगे बढ़ता है और अपने जीवन व व्यक्तित्व को सशक्त बनाता है। कठिन परिस्थिति या विपत्ति में जब व्यक्ति आत्मविश्वास से सच बोलता है तो दुनिया उसकी मुरीद बन जाती है।

रैकेटबॉल की विश्व चैंपियनशिप का फाइनल मैच चल रहा था। रूबेन गोंजालेज फाइनल मैच खेल रहे थे। उनके प्रतिद्वंद्वी व उनमें कड़ी टक्कर थी। दर्शक साँस रोके मैच का परिणाम जानने को आतुर थे। अचानक मैच पॉइंट पर, गोंजालेज ने एक बहुत अच्छा शॉट खेला। रैफरी और लाइंसमैन, दोनों ने उसके शॉट को सही बताया और उन्हें विजेता घोषित कर दिया। विजेता घोषित होते ही चारों ओर तालियों की गड़गड़ाहट गूँज उठी। लोगों ने रूबेन गोंजालेज के नारे लगाने शुरू कर दिए। रूबेन हतप्रभ थे। उन्हें कुछ समझ ही नहीं आ रहा था कि

अचानक यह क्या हो गया! उन्होंने अपने दिल पर हाथ रखा और प्रतिद्वंद्वी से हाथ मिलाते हुए बोले, "शॉट गलत था।" उनके यह बोलते ही सब ओर अफरा-तफरी मच गई। परिणामस्वरूप वह सर्विस हार गए और मैच भी। पल में इतना बड़ा निर्णय पलट गया। वहाँ उपस्थित हर व्यक्ति निर्णय के उलटफेर से दंग रह गया। प्रत्येक व्यक्ति रूबेन गॅनजेलिस के सच से हैरान था। यह कोई सोच भी नहीं सकता था कि एक खिलाड़ी, जिसके हक में सारी बातें हों, वह हार को सच बोलकर इस तरह से गले लगा लेगा। काफी देर तक इसी के बारे में चर्चा होती रही। माहौल जब थमा तो मीडिया ने पूछा कि जब सब चीजें उनके पक्ष में थीं तो उन्होंने विश्व चैंपियनशिप की इतनी बड़ी जीत को स्वीकार क्यों नहीं किया? इस पर रूबेन गोंजालेज ने सहजता से कहा, "अपने जमीर को बनाए रखने के लिए मेरे पास यही एक रास्ता था। यदि मैं आज ऐसा नहीं करता तो जिंदगी भर यह जीत मुझे तड़पाती रहती कि मैंने सच्चाई से हारकर दूसरी जीत हासिल की। इसलिए मैंने मैच गँवाकर सच्चाई को जीतने का फैसला किया। मैच तो आगे भी जीते जा सकते हैं, किंतु सच से एक बार हार गए तो फिर जीवनभर नहीं उभर सकते।" उनके सच बोले गए शब्दों ने उन्हें एक महान् व्यक्ति के रूप में बदल दिया। खेल में हार-जीत तो मिलती रहती है, लेकिन सच की जीत से यदि व्यक्ति एक बार हार गया तो फिर जीवन कठिन बन जाता है।

यदि व्यक्ति सच के साथ चलता है तो वह हर बड़े तूफान और बाधा का सहजता से सामना कर लेता है। अकसर बेईमानी, क्रोध, ईर्ष्या और लोभ करनेवाला व्यक्ति सोचता है कि इससे दूसरे को हानि होगी और उसे कोई नुकसान नहीं पहुँचेगा, जबकि वास्तविकता में वह पहले इन दुर्गुणों का शिकार स्वयं होता है और दूसरा बाद में। इसी तरह झूठ बोलने से व्यक्ति स्वयं अपना ही नुकसान करता है। झूठ एक छलावा होता है, जो व्यक्ति को मृगतृष्णा की भाँति भटकाता है, जबकि सच के साथ व्यक्ति सीधी-सच्ची राह पर चलता है। सच के साथ व्यक्ति अपने विश्वास के साथ-साथ दूसरों के विश्वास को भी जीवन भर बनाए रखता है। इसके विपरीत झूठ बोलकर व्यक्ति किसी के विश्वास को तोड़ रहा होता है। स्वामी विवेकानंद के अनुसार सच के लिए सबकुछ बलिदान किया जा सकता है, लेकिन सच का बलिदान किसी चीज के लिए नहीं किया जा सकता। सच बोलनेवाला व्यक्ति आँखें मिलाकर बात करता है, आवाज में सहज रहता है, उसकी बॉडी लैंग्वेज सामान्य रहती है। लोग अकसर झूठ का सहारा इसलिए लेते हैं, क्योंकि कोई भी व्यक्ति कटु या गलत बात नहीं सुनना चाहता, जबकि जीवन

में कटु बातों और गलतियों का होना स्वाभाविक है। सच्चाई हमेशा व्यक्ति को सही रास्ता दिखाती है, सच का पथ दुष्कर जरूर हो सकता है, लेकिन यही पथ व्यक्ति को विजय-पथ पर पहुँचाता है।

यदि व्यक्ति ईमानदारी से जीने का प्रयास करे तो वह सच के साथ अपने जीवन को और अधिक खूबसूरती से जी सकता है।

□

सच्ची दोस्ती

तनाव भरे जीवन में कुछ ऐसे सच्चे मित्रों का होना अनिवार्य है, जो दुःख व परेशानी में व्यक्ति के साथ खड़े हों, उसे सही मार्ग दिखाएँ। सच्चा मित्र एक ऐसे आभूषण के समान होता है, जो विपत्ति के साथ सुख में भी साथ खड़ा रहता है। स्वयं वैज्ञानिकों का मानना है, "दोस्त वास्तव में एक दवा या थैरेपी के रूप में काम करता है, जिसके बेहतर परिणाम भी आपको तुरंत मिलते हैं।" अकेला व्यक्ति जल्दी अशक्त, बीमार व बूढ़ा नजर आने लगता है, क्योंकि अपने दिल की बात करने के लिए उसके पास दोस्त नहीं होते। उसके हृदय में पनपनेवाले अच्छे व बुरे विचार व्यक्तित्व के एक कोने में इकट्ठे होकर बीमार व बूढ़ा होने में निर्णायक भूमिका निभाते हैं। मनोवैज्ञानिक पीटर एम. नार्डी भी यह मानते हैं कि अकेले व्यक्ति को भौतिक, भावनात्मक, मानसिक व आर्थिक सहयोग नहीं मिल पाता। दोस्तों से व्यक्ति अकसर अपने मन की वे सभी बातें करते हैं, जिन्हें वे अन्य व्यक्तियों से नहीं कर सकते। सच्चा दोस्त व्यक्ति के बुरे समय में साथ खड़ा होता है। एडीसन कहते हैं, "दोस्ती खुशी को दुगुना करके और दुःख को बाँटकर खुशी बढ़ाती है।" सच्चा मित्र व्यक्ति को सफलता व यश की ऊँचाइयों को प्रदान करने में भी प्रमुख भूमिका निभाता है। सम्राट् अकबर के नवरत्न समझदार मित्र व सलाहकार थे। अकबर-बीरबल के किस्से तो जगत्प्रसिद्ध हैं। बीरबल ने बड़ी चतुराई से सम्राट् अकबर को कई बार मुसीबत से बचाया था। इसी तरह कृष्ण अर्जुन के एक अच्छे मित्र थे। उन्होंने उन्हें कर्म का महत्त्व बताया था। एक सच्चा मित्र न सिर्फ घावों को भरने में मदद करता है, बल्कि अपने दुःख की चर्चा उसके साथ करने से समस्या के नए आयाम स्पष्ट होते हैं और उससे निपटने के नए मार्ग स्वतः ही खुल जाते हैं। इसलिए जीवन में सच्चे दोस्त का बहुत महत्त्व होता है।

दो मित्र थे। दोनों में गहरी दोस्ती थी। अमनसिंह नामक व्यक्ति वहाँ के राजा का मंत्री बन गया। उसका मित्र चमनसिंह अपने मित्र की सफलता पर बेहद खुश

हुआ। अमनसिंह अब कार्य में इतना व्यस्त रहने लगा कि उसे चमनसिंह से मिलने का वक्त ही न मिल पाता था, किंतु फिर भी चमनसिंह के चेहरे पर तनाव या ईर्ष्या के कोई भाव नहीं थे। यह देखकर लोग हैरान होते और चमनसिंह को भड़काने की कोशिश करते, किंतु वह किसी की भी बातों पर ध्यान नहीं देता था और अपने काम में मस्त रहता था। एक दिन उसका एक रिश्तेदार आया। उसे भी चमनसिंह और अमनसिंह की गहरी मित्रता की जानकारी थी। कुछ दिन वह वहीं रुका रहा। जब एक सप्ताह बीत जाने पर भी चमनसिंह और अमनसिंह में कोई मुलाकात नहीं हुई तो उसे बहुत हैरानी हुई और उसने चमनसिंह से कहा, "चाचा, आपके मित्र कुशलपूर्वक तो हैं न और आप दोनों के बीच सबकुछ ठीक है न?" रिश्तेदार की बात पर चमनसिंह बोले, "हाँ बेटा, अमनसिंह बिल्कुल कुशलपूर्वक है और हम दोनों के बीच सब बिल्कुल ठीक है।" इस पर वह बोला, "फिर आप दोनों एक-दूसरे से मिलते क्यों नहीं हैं? पहले तो घंटो-घंटों साथ बैठने पर भी आप उठने का नाम ही नहीं लेते थे और कहाँ एक सप्ताह से आप दोनों ने एक-दूसरे का चेहरा भी नहीं देखा है।" इस पर चमनसिंह हँसते हुए बोले, "बेटा, दरअसल अमनसिंह इन दिनों मंत्री बना हुआ है। ऐसे में उसका अपने काम पर ध्यान देना ज्यादा जरूरी है। रही हमारी एक-दूसरे को देखने की बात तो हम दोनों की मित्रता व एक-दूसरे पर विश्वास इतना गहरा है कि हम बरसों अलग रहने पर भी वैसे ही रहेंगे। मैं भी मित्र के काम में दखलअंदाजी देना उचित नहीं समझता, क्योंकि इससे उसके कार्य में बाधा उत्पन्न होगी और यह गलत भी होगा। हमारा आपसी व्यवहार तो अभी भी पहले जैसा ही है, बस वक्त की नजाकत ऐसी है कि हम अब अधिक मिल नहीं पाते। वैसे भी मित्रों को एक-दूसरे की जरूरत मुसीबत के समय ही अधिक होती है और उसके लिए हम दोनों हर वक्त तैयार रहते हैं।" मित्र के प्रति असीम विश्वास व सच्ची मित्रता का उदाहरण देखकर रिश्तेदार दंग रह गया और उसे सच्चे मित्र की परिभाषा ज्ञात हो गई।

कैलिफोर्निया के एक प्रांत में हुए एक शोध के अनुसार जिन लोगों के पास सच्चे दोस्त नहीं होते, उनमें दिल की बीमारियों, रक्त संचरण समस्याओं के खतरे बढ़ जाते हैं। वहीं जिन लोगों के दोस्त होते हैं, वे जल्दी-जल्दी बीमार नहीं होते। उनका स्वास्थ्य अच्छा होता है और आयु भी लंबी होती है। दोस्त दवा भी बन जाए, इसके लिए व्यक्ति को प्रेम, दुआ, विनम्रता और मदद का मार्ग पकड़ लेना चाहिए। इससे यह बंधन मजबूत होकर जीवन को सशक्त, रोगहीन और सफल बनाने में निर्णायक भूमिका निभाते हैं।

सच्चा दोस्त व्यक्ति को न केवल हर संकट, तनाव, बुराई और असफलता से उभार लेता है, बल्कि उसे सफलता के मार्ग पर पहुँचाने में भी निर्णायक भूमिका निभाता है। वर्तमान समय में तो सच्चे दोस्त की आवश्यकता कदम-कदम पर महसूस होती है, क्योंकि आज के भागदौड़ भरे जीवन में सच्चे दोस्त से ही अपने मन की बात कहकर स्वयं को पीड़ा और मुसीबत से बचाया जा सकता है। दोस्त का रूप कोई भी हो सकता है। माता-पिता, बहन-भाई, पति-पत्नी, संबंधी और मित्र में भी आप सच्चे दोस्त को पा सकते हैं।

□

जीवन में दुःखों का सामना

जिंदगी सुख-दुःख का दूसरा नाम है। कई व्यक्ति दुःखों का डटकर सामना करते हैं, लेकिन कई इनसे मुकाबला करने के बजाय बिना संघर्ष करे ही हार मानकर बैठ जाते हैं। जिस तरह जीवन में दुःख आया है, उसी तरह चला भी जाएगा। यह सच है कि दुःख के समय तनावग्रस्त इनसान को कुछ नहीं सूझता और वह कई बार आत्मघाती कदम उठा लेता है। आत्मघाती कदम उठाना दुःख या समस्या का हल कतई नहीं है।

जरा सी चतुराई के साथ यदि दुःख का सामना किया जाए तो उसे पराजित किया जा सकता है। उस चतुराई के लिए व्यक्ति को हौसला, धैर्य, सहनशीलता, प्रेम, करुणा आदि भावों को अपने अंदर उत्पन्न करना होगा। एक विद्वान् का कहना है, "दुःख आने पर यदि आप छटपटाएँगे, चीखेंगे, चिल्लाएँगे, चिंता करेंगे तो ऐसे में दुःख और बढ़ जाएगा, दूर कदापि नहीं हो सकता। आप केवल धैर्य, शांति, संतोष के साथ ही समस्या से निबट सकते हैं।" अकसर दुःख हमारे जीवन में कई बार एक ही तरीके से आते रहते हैं। हर बार दुःख का सामना होने पर व्यक्ति परेशान और चिंतित हो जाता है। जब दुःख का कारण कई बार एक-सा हो तो व्यक्ति को अपनी परेशानी की मात्रा को घटाकर उस दुःख को दूर करने का उपाय सोचना चाहिए।

एक सर्कस में एक जोकर काम करता था। वह अपनी अजीबोगरीब हरकतों के साथ ही बढ़िया चुटकुले सुनाकर दर्शकों का मनोरंजन करता था। जोकर की बातों और चुटकुलों में गंभीर संदेश छिपा होता था। दर्शक उस जोकर से बहुत प्रभावित थे। एक दिन सर्कस में करतब दिखाए जा रहे थे, तभी एक दर्शक चिंतित सा कभी घड़ी देखता तो कभी बाहर की ओर नजरें करता। जोकर ने उस दर्शक की परेशानी का कारण पूछा तो वह बोला, "मेरे पास फोन आया है कि मेरे व्यवसाय में नुकसान हो गया है। हानि की बात जानकर मेरा रक्तचाप बढ़ गया है और मुझे कमजोरी महसूस हो रही है।" जोकर बोला, "आपके व्यवसाय में पहली बार हानि हुई है?" दर्शक बोला, "नहीं, कई बार ऐसा हो चुका है।" उसकी बात सुनकर जोकर ने दर्शक को

बैठने के लिए कहा। इसके बाद जोकर ने एक बहुत ही बेहतरीन चुटकुला सुनाया। चुटकुला सुनकर वहाँ बैठे दर्शक जोर-जोर से हँसने लगे। कुछ देर बाद जोकर ने वही चुटकुला दोबारा सुनाया। इस बार कुछ कम लोग हँसे। थोड़ी देर बाद जोकर ने वही चुटकुला फिर सुनाया। इस बार कोई नहीं हँसा। यह देखकर जोकर बोला, "चुटकुला तो बहुत अच्छा है, फिर आप लोग हँसे क्यों नहीं?" इस पर कई दर्शक बोले, "एक ही चुटकुले पर कोई बार-बार कैसे हँस सकता है?" जोकर कहता है, "जब एक चुटकुले पर आप बार-बार हँस नहीं सकते तो एक जैसे ही दुःख पर हर बार इतने दुःखी क्यों हो जाते हो कि आपका रक्तचाप बढ़ जाता है, हृदय गति रुकने की संभावना बन जाती है और आप अपना जीवन तक खत्म करने की सोचने लगते हो?" जोकर की यह बात सुनकर व्यवसायी दर्शक दंग रह गया। उसने जोर से ताली बजाई और मंच पर जाकर जोकर को गले लगाया। वह जोकर से बोला, "आज आपने मुझे ही नहीं, बल्कि यहाँ बैठे सभी दर्शकों को जीवन की बहुत बड़ी सीख दी है।"

दुःख तो जीवन का अंग है। उसे आना ही है, लेकिन उससे मन इतना दुःखी क्यों हो जाता है कि कई लोग आत्मघातक कदम उठा लेते हैं। वैज्ञानिक शोध दरशाते हैं कि लगभग नब्बे प्रतिशत लोग दुःख और तनाव के कारण समय से पहले ही मौत को गले लगा लेते हैं। ऐसे लोग शारीरिक कष्ट, असफलता, भावनात्मक क्षति, अपराध, गुस्सा, आर्थिक नुकसान, विपरीत सामाजिक परिस्थितियों को झेल नहीं पाते। वे इन दुःखों से इतने भयभीत हो जाते हैं कि आत्महत्या ही उन्हें इन सबका हल नजर आता है। अमेरिका की संस्था यूथ सुसाइड नेशनल सेंटर की निदेशिका रहीं शारलोट रॉस का विश्वास है, "आत्महत्या मृत्यु का एक ऐसा कारण है, जिसे रोका जा सकता है।" दुःख को दूर करने के अनेक उपाय हैं, लेकिन परेशान व्यक्ति हिम्मत करके उन उपायों को अपनाकर अपने जीवन को सफल बनाने का मूलमंत्र ही नहीं जानते। अधिक दुःख में एकाग्रता, चिंतन, मनन, पठन, वाचन आदि का सहारा लेकर स्वयं को सँभाला जा सकता है। कार्लाइल का मानना है, "दुर्बल-से-दुर्बल व्यक्ति भी यदि अपनी समस्त शक्तियों को एक वस्तु पर केंद्रित कर ले तो किसी सीमा तक सफलता अवश्य प्राप्त कर लेगा।"

एक बार यदि दुःख का सामना हिम्मत के साथ किया जाए तो फिर दुःखों से लड़ने की आंतरिक ताकत बढ़ जाती है। जब व्यक्ति दुःख पर विजय प्राप्त कर के सफलता का इतिहास रचता है तो उन दुःखों से प्रेम हो जाता है और प्रेम में व्यक्ति दुःख को भी पसंद करने लगता है। यदि ऐसा नहीं होता तो कल्पना सरोज

अनगिनत दुःखों का सामना कर आज उस कंपनी की सीईओ न होतीं, जिसका टर्नओवर तीन बिलियन है। उसी तरह खिलाड़ी अरुणिमा सिन्हा शायद दो पैरों से कभी भी उस एवरेस्ट को न रौंद पातीं, जिसे उन्होंने अपने एक पैर से धराशायी कर दिया।

दुःख को सफलता की तरह ही सकारात्मक नजरिए के साथ ग्रहण करना चाहिए। इससे व्यक्ति दुःख में भी अपने जीवन को श्रेष्ठ तरीके से जी सकता है।

□

प्रशंसा करने से आप स्वयं प्रशंसनीय बन जाते हैं

हर व्यक्ति को अपनी प्रशंसा सुनना अच्छा लगता है। प्रशंसा पाने पर व्यक्ति अपनी योग्यता का सर्वश्रेष्ठ प्रदर्शन करता है, लेकिन अधिकतर लोग दूसरों की प्रशंसा करने के बजाय अपनी प्रशंसा सुनना अधिक पसंद करते हैं। कई लोग तो प्रशंसा के इतने भूखे होते हैं कि वे स्वयं अपनी ही प्रशंसा करने लगते हैं। अपने मुँह मियाँ मिट्ठू बननेवाले लोगों को अधिक पसंद नहीं किया जाता। इसके विपरीत वह व्यक्ति, जो वास्तव में श्रेष्ठ और सराहनीय कार्य करनेवाले व्यक्तियों की प्रशंसा करते हैं, स्वयं भी प्रशंसा के पात्र बन जाते हैं और उन्हें अधिक सम्मान व श्रद्धा की नजरों से देखा जाता है।

एक बार इंग्लैंड की रॉयल अकादमी के हॉल को उत्कृष्ट चित्रों से सजाने की योजना बनाई गई। इसके लिए देश-विदेश के बेहतरीन चित्रकारों से श्रेष्ठतम चित्र भेजने को कहा गया। कुछ ही दिनों में रॉयल अकादमी के पास चित्रों का ढेर लग गया। अकादमी की विशेषज्ञ समिति के विशेषज्ञ बढ़िया व सुंदर चित्रों को चुनने का कार्य करने लगे। सुंदर चित्रों को चुनने के बाद उन्हें हॉल में सजाया गया। हॉल चित्रों से भर गया, लेकिन अभी भी चुने गए चित्रों में से एक चित्र बच गया। वह चित्र बेहद खूबसूरत था और उसे एक युवा चित्रकार ने बनाया था। चित्र में नवीनता थी और उसमें रंगों का इतनी कुशलता व खूबसूरती से चित्रण किया गया था कि बरबस ही चित्र की ओर नजरें उठ जाती थीं। लगता था कि चित्र बोल उठेगा। यह देखकर विशेषज्ञ समिति के एक सदस्य ने कहा, "चित्र तो वाकई बहुत खूबसूरत है, मगर अफसोस कि हॉल पूरा भर गया है और अब इसे कहीं भी नहीं लगाया जा सकता। इसलिए इसे ससम्मान चित्रकार के पास वापस भेज दिया जाना चाहिए।" यह सुनकर सारी विशेषज्ञ समिति ने सहमति में सिर हिलाया।

उस समय इंग्लैंड के सुप्रसिद्ध चित्रकार टर्नर भी विशेषज्ञ समिति के सदस्य थे। उन्होंने कहा, "इतने खूबसूरत चित्र को वापस भेजना उचित नहीं है। इस चित्र के चित्रकार को प्रशंसा मिलनी ही चाहिए, क्योंकि वह वास्तव में प्रशंसा का पात्र है।" यह सुनकर दूसरा सदस्य बोला, "इस चित्रकार को प्रशंसा तभी मिल सकती है, जब इस अकादमी के चित्र में से किसी का चित्र हट जाए।" यह सुनकर अन्य सदस्य बोला, "भला ऐसा व्यक्ति कौन होगा, जो यहाँ से अपना चित्र हटाकर इस चित्रकार का चित्र टाँगना पसंद करेगा। आखिर अपनी प्रशंसा और कार्य की सराहना हर व्यक्ति चाहता है।" यह सुनकर सुप्रसिद्ध चित्रकार टर्नर बोले, "एक चित्रकार ऐसा है, जो अपना चित्र हटाकर इस चित्रकार का चित्र लगाना पसंद करेगा।" यह सुनकर सभी सदस्य हैरानी से बोले, "भला कौन होगा वह?" टर्नर उठकर गए और उन्होंने रॉयल अकादमी के हॉल से अपना चित्र उतारकर उस युवा चित्रकार का चित्र लगा दिया, जबकि टर्नर का चित्र उस युवा चित्रकार से कई गुना श्रेष्ठ था। टर्नर को अपना चित्र हटाते देख सभी सदस्य भौचक्के होकर बोले, "सर, आपने यह क्या किया?" इस पर टर्नर बोले, "युवा चित्रकार को प्रशंसा व प्रोत्साहन मिलना चाहिए, क्योंकि इससे दुनिया को एक महान् कलाकार मिलने की राह खुलती है।" युवा चित्रकार को जब इस बात का पता चला तो वह महान् चित्रकार टर्नर के प्रति हृदय से नतमस्तक हो गया। जितनी प्रशंसा टर्नर ने युवा चित्रकार की की, उससे कहीं अधिक प्रशंसा युवा चित्रकार ने महान् चित्रकार टर्नर की की। यही कारण है कि टर्नर को आज पूरे विश्व में महान् चित्रकार के रूप में जाना जाता है।

उपरोक्त बात से यह बात साबित हो जाती है कि दूसरों की प्रशंसा करने और उन्हें प्रोत्साहन देने से व्यक्ति स्वयं ही हर किसी का चहेता बन सकता है। परिवार विशेषज्ञों और प्रेरक गुरुओं का मानना है कि दुनिया में यदि लोग एक-दूसरे के कामों की प्रशंसा करने लग जाएँ तो 100 में से 90 परिवार टूटने से बच जाएँ। यदि सराहनीय कार्य करने पर व्यक्ति की प्रशंसा की जाए तो हृदय को सुकून और आनंद का अहसास होता है। जॉन हॉपकिंस यूनिवर्सिटी के शोधकर्ताओं का भी निष्कर्ष है कि जब आप किसी की तारीफ करते हैं तो मन से कई पूर्वग्रह खत्म हो जाते हैं और शरीर में ऐसे रसायनों का प्रवाह बढ़ जाता है, जो आपको खुश रखने के लिए जिम्मेदार होते हैं। अपनी प्रशंसा की लालसा व्यक्ति को आंतरिक सुख नहीं प्रदान कर सकती। यदि व्यक्ति ने सराहनीय और प्रशंसा के लायक कार्य किया है तो उसे हर ओर से सराहना मिलेगी, जो उसकी सफलता में वृद्धि करेगी। जो व्यक्ति वास्तव में प्रशंसा के हकदार होते हैं, वे प्रशंसा न मिलने पर भी आगे बढ़ते

रहते हैं। इसके विपरीत जरा-जरा सी बात में अपनी प्रशंसा सुनने के आदी व्यक्ति अपने अस्तित्व को खो देते हैं और अपनी राह से भटक जाते हैं। चाणक्य ने अपने महान् ग्रंथ 'अर्थशास्त्र' में लिखा है, 'खुद का ज्यादा प्रदर्शन अपने व्यक्तित्व को कमजोर बनाने जैसा है, जिसका फायदा कभी भी कोई अपने ढंग से ले सकता है। इसलिए प्रशंसा पाने के बजाय प्रशंसक बनें, दूसरों के अच्छे व नेक कायर्ों में सफलता पा लेने पर उन्हें दिल से मुबाकरबाद दें। स्वयं कठोर परिश्रम और नेक कर्म कर उद्देश्य पर अपना ध्यान केंद्रित करें। ऐसा करके आप पाएँगे कि आपके लिए नए रास्ते खुलते जा रहे हैं और आपके अनेक प्रशंसक बन गए हैं। उस समय प्रशंसा की भूख आपको महसूस ही नहीं होगी, क्योंकि तब आप प्रशंसा की सीढ़ी से उठकर अपने व्यक्तित्व को चार चाँद लगाकर निखार चुके होंगे और चाँद को कभी प्रशंसा की भूख ही नहीं होती, क्योंकि वह अपने कमर्ों और व्यक्तित्व से सदैव ही प्रशंसनीय होता है।

□

मंजिल पर भी पहुँचाते हैं सपने

सपने हमारी जिंदगी की घटनाओं से संबंधित होते हैं। जिस प्रकार हम जागते हुए सोचते हैं, उसी प्रकार हमारा दिमाग सोते हुए भी सोचता है और यही सपनों के रूप में हमें नजर आते हैं। कई सफल हुए व्यक्तियों का यह मानना है कि उनकी सफलता के पीछे सपनों का बहुत बड़ा हाथ है। प्रसिद्ध कवि सैम्युअल टेलर को उनकी महान् साहित्यिक रचना 'कुबला खान' का एक-एक शब्द सपने में दिखाई दिया था। इसी तरह भारतीय गणितज्ञ श्रीनिवास रामानुजन का दावा था कि उनकी सारी महत्त्वपूर्ण खोजें सपनों में दिखाई दी थीं, यहाँ तक कि एक अध्ययन में भी यह बात सामने आई कि सपने सफलता दिलाने में वरदान सिद्ध हुए हैं। 'दी कमेटी ऑफ स्लीप' के लेखक डीरड्रे बैरेट ने 83 नोबेल पुरस्कार विजेताओं पर एक रोचक अध्ययन किया, जिसमें 72 विजेताओं ने अपनी सफलता का श्रेय सपनों को दिया। सपनों में देखे गए प्रतीक, छवि और घटनाओं को सूक्ष्मता से याद रखा जाए तो ये रचनात्मकता को बेहतर बनाने में महत्त्वपूर्ण भूमिका निभाते हैं।

सिलाई मशीन के आविष्कारक एलियास होवे ने सिलाई मशीन तो बना ली, किंतु जब भी वह उसे चलाने का प्रयास करते तो बार-बार या तो धागा उलझ जाता या टूट जाता। एलियास ने मशीन की अच्छी तरह जाँच-परख की तो उन्हें ज्ञात हुआ कि बाकी सब तो ठीक है, केवल सूई ही परेशानी उत्पन्न कर रही है। एलियास अपने कार्य में बहुत डूबे हुए थे। उनकी भूख-प्यास सब उड़ गई थी। सूई में क्या कमी है, यह बात उन्हें बार-बार परेशान किए जा रही थी। नींद में भी उनके दिमाग में हर समय सूई घूमती रहती थी। एक दिन उन्होंने सपने में देखा कि एक आदिवासी अपना भाला लेकर उन्हें मारने के लिए आ रहा है। वह भाला धूप में चमक रहा था। अचानक एलियास की तेज नजर उस भाले पर गई तो उन्होंने भाले की नोक पर एक छेद को देखा। वह छेद धूप में चमक रहा था। एलियास सपने में बार-बार उस छेद को देखते रहे। तभी उनकी नींद खुल गई। वह खुशी से उछल पड़े और

अपनी सिलाई मशीन के पास गए। उन्होंने इस बार उसके लिए एक ऐसी सूई बनाई, जिसकी नोक के पास छेद बना हुआ था। इसके बाद उन्होंने उस सूई को मशीन में फिट किया। सूई की नोक में धागा डाला। सूई में धागा डालने के बाद उन्होंने मशीन को चलाया तो वह धागा निरंतर चाल के साथ दौड़ता रहा, न वह उलझा और न टूटा। उन्होंने अपने इस प्रयोग को कई बार किया और हर बार पाया कि इस बार मशीन के साथ ही सूई में कहीं कोई कमी न थी। इस तरह सिलाई मशीन का आविष्कार सफल हुआ और एलियास होवे ने सूई की नोक के छेद की प्रेरणा अपने सपने में दिखे भाले की नोक पर बने छेद से ली। आज सिलाई मशीन के बिना जीवन की कल्पना भी नहीं की जा सकती। सिलाई मशीन की सूई एलियास होवे के स्वप्न के कारण ही बन पाई।

कई बार अत्यंत तनाव और परेशानी में दिमाग उन्हीं समस्याओं के इर्द-गिर्द घूमता रहता है। ऐसे में नींद में कई बार सपनों में परेशानी का हल नजर आ जाता है। मनोवैज्ञानिक भी इस बात से सहमत हैं। उनका कहना है कि सपने हमारी जीती-जागती जिंदगी का विस्तार होते हैं, जो हमारी उन परेशानियों को सुलझाने का प्रयास करते हैं, जो हमें सबसे ज्यादा परेशान करती हैं। आखिर वह हल या जवाब, जो अथक प्रयासों के ढूँढ़ने पर भी नहीं मिलता, वह एकाएक सपनों में कैसे दिख जाता है? इस बात का खुलासा न्यूरोलॉजिस्ट एलेन आर. ब्राउन और उनके सहयोगियों द्वारा किए गए अध्ययन में सामने आया। उनका मानना है कि सपने देखते समय वक्त नियंत्रण, तर्कपूर्ण निर्णय और ध्यानवाली क्रियाएँ निष्क्रिय होती हैं, जबकि संवेदी और भावनात्मक हिस्से सक्रिय रहते हैं। इसी कारण व्यक्ति अपनी बड़ी परेशानी और समस्या का हल सपनों में ढूँढ़ लेते हैं। परेशानी और पीड़ा के समय व्यक्ति अत्यधिक भावुकता में एकाग्रता और धैर्य खो बैठता है, जबकि सोते समय एकाग्रता और धैर्य स्वयं ही समस्या पर केंद्रित हो जाते हैं, इसलिए सपनों में बड़ी-से-बड़ी परेशानियों के हल नजर आ जाते हैं, जो विश्व में इतिहास तक रच देते हैं। इसके साथ ही इस बात को अवश्य याद रखें कि सपनों से सफलता हासिल करनी है तो परिश्रम और कार्य निरंतर करते रहना चाहिए।

हल सपनों में तभी नजर आते हैं, जब व्यक्ति सफलता पाने के लिए सकारात्मक प्रयासों से काम करता है। सपनों में दिखी महान् व्यक्तियों की खोजों ने इस बात को साबित कर दिया है कि जीवन में कुछ भी असंभव नहीं होता। यदि आप सच्चे मन से नेक भावों के साथ आसमान को छूना चाहते हैं तो आपके सपने भी उस सफलता को दिलाने में आपका पूरा साथ निभाते हैं। इसलिए आप

अभी से अपने मन में यह संकल्प कर लें कि आपको अपने सपनों को शिखर पर ले जाना है। आपकी यही सोच सपनों के माध्यम से आपको शिखर पर अवश्य पहुँचा देगी। व्यक्ति सपनों की इस ताकत को सद्भावों के साथ अपनाए तो जीवन बेहद सुंदर और सफल बन जाएगा और उसे उसकी तयशुदा मंजिल पर पहुँचाएगा।

□

जीवन से रिटायर न हों

अधिकतर लोगों की सेहत नौकरी से रिटायर होने के बाद तेजी से नीचे गिरने लगती है। वे यह महसूस करने लगते हैं कि उनकी सक्रिय उत्पादक जिंदगी पूरी हो चुकी है। वे स्वयं को दूसरों से अलग-थलग कर लेते हैं। उन्हें लगने लगता है कि लोगों के साथ-साथ परिवारवालों ने भी उनकी उपेक्षा करनी शुरू कर दी है। इससे रिटायर व्यक्ति अपनी थके हुए, बीमार व्यक्ति की छवि बना लेते हैं। यह नकारात्मकता उनके तन-मन दोनों को खा जाती है। यही कारण है कि अधिकांश रिटायर व्यक्ति कुछ सालों के अंदर मौत की गोद में सो जाते हैं। लोग नौकरी से रिटायर होने की वजह से नहीं, बल्कि जीवन से रिटायर होने के कारण मरते हैं।

अधिकतर लोगों को यह लगता है कि पचपन-साठ साल की आयु पार करने के बाद उनका जीवन केवल भक्ति व पूजा-पाठ तक सीमित रह गया है, जबकि यह सत्य नहीं है। गीता में भी कर्म की भावना पर बल दिया गया है। कर्म ही पूजा व भक्ति है। ऐसे में व्यक्ति अध्यात्म के साथ कर्म करता रहे तो उम्र उस पर हावी नहीं होती और वह अपने जीवन को आनंदपूर्वक बिताता है। नौकरी या व्यापार से रिटायर होने के बाद व्यक्ति निस्स्वार्थ मदद करके अपने जीवन को शारीरिक और मानसिक रूप से सफल बना सकता है। सीखने की कोई उम्र नहीं होती। व्यक्ति अपने जीवन के अंतिम दिन तक सीख सकता है।

असंख्य शोधकर्ताओं ने इस बात को साबित कर दिया है कि सीखने की योग्यता 70 की आयु में भी उतनी ही अच्छी होती है, जितनी कि 17 की आयु में। यदि व्यक्ति सृजन करता रहे तो उसे अपनी बढ़ती आयु का पता ही न चले। यही कारण है कि सृजनात्मक कार्य करनेवाले शोध वैज्ञानिक, आविष्कारक, पेंटर, लेखक, दार्शनिक आदि गैर-सृजनात्मक कार्य करनेवालों से ज्यादा लंबे समय तक उत्पादक बने रहते हैं। थॉमस अल्वा एडीसन 90 की उम्र में भी सक्रिय रहकर आविष्कार करने में लगे हुए थे। माइकल एंजिलो ने 80 की उम्र पार करने के बाद भी अपनी कुछ सर्वश्रेष्ठ पेंटिंग बनाई थीं। पिकासो 75 की उम्र के बाद भी कला

संसार में अपनी धाक जमाए हुए थे और शॉ 90 की उम्र होने पर भी नाटक लिखने में लगे हुए थे।

पश्चिम जर्मनी के तत्कालीन प्रधानमंत्री कोनराड एडिनाइन ने अच्छी-खासी उम्र पाई थी। सभी; यहाँ तक कि डॉक्टर भी यह जानना चाहते थे कि आखिर उनकी लंबी उम्र का राज क्या है। अपने जीवन के नौवें दशक में एक बार प्रधानमंत्री कोनराड एडिनाइन बीमार पड़ गए और उनकी बीमारी काफी लंबे समय तक खिंची। एक दिन डॉक्टरों व पत्रकारों का हुजूम उनके पास लगा हुआ था। प्रधानमंत्री अभी भी पूरी तरह ठीक नहीं थे। उन्हें अपने पास काफी जमघट लगा हुआ देखकर चिड़चिड़ाहट भी हो रही थी। ऐसे में वह चिढ़कर अपने फैमिली डॉक्टर से बोले, "आप भी कैसे डॉक्टर हैं, देखते नहीं कि मेरी सेहत दिनों-दिन गिरती जा रही है। आप जल्दी ठीक होने का इलाज भी नहीं बताते हैं।" यह सुनकर डॉक्टर भी आवेश में बोल पड़ा, "सर, मैं भी आपके गिरते हुए स्वास्थ्य को देख रहा हूँ, किंतु मैं कोई जादूगर तो नहीं हूँ कि आपको इस उम्र में फिर से जवान बना दूँ।" डॉक्टर की बात सुनकर कोनराड एडिनाइन मुसकराकर बोले, "अरे, मैं कहाँ फिर से जवानी चाहता हूँ? मैं तो सिर्फ यह चाहता हूँ कि कई सालों तक मैं और ज्यादा बूढ़ा होता जाऊँ।" उनके जिंदादिली से दिए गए जवाब को सुनकर सभी उनकी लंबी आयु का राज समझ गए और आपस में बोले, "जीने की इच्छा हो तो बड़ी-से-बड़ी बीमारी को भी इनसान पराजित कर हँसता-खिलखिलाता हुआ जीवन पा सकता है, बिल्कुल हमारे प्रधानमंत्री कोनराड एडिनाइन की तरह।" वहाँ खड़े डॉक्टर भी इस बात से सहमत हो गए। इस तरह प्रधानमंत्री के साथ ही वहाँ उपस्थित सभी व्यक्ति खिलखिला उठे। स्वस्थ और लंबी जिंदगी जीने के लिए हँसी और खुशी निःशुल्क दवाएँ हैं, जो हर किसी के पास हैं, लेकिन उनका उपयोग केवल कुछ ही लोग सही तरह से कर पाते हैं।

डॉ. अरनॉल्ड ए. हट्श्नैकर कहते हैं, "हम वषर्ों की वजह से नहीं, घटनाओं और उन पर हमारी भावनात्मक प्रतिक्रियाओं की वजह से बूढ़े होते हैं। इटली के सारडीनिया द्वीप में 100 साल की आयु पार करने के बाद भी अनेक लोग हँसते और खिलखिलाते हुए आनंदपूर्वक जीवन जी रहे हैं। वहाँ 90 की उम्र तक लोग अपने सारे काम खुद करते हैं। यही कारण है कि सृजनात्मकता में लगे रहनेवाले, मुसकराकर रहनेवाले और मिल-जुलकर रहनेवाले लोग आयु बढ़ने पर भी बुढ़ापे की कुरसी पर बैठना पसंद नहीं करते। ऐसा हम सब कर सकते हैं, बस उसके लिए हमें इतना करना है कि बढ़ती आयु के साथ हर दिन इस धारणा

को पुख्ता करते जाना है कि जीवन में करने के लिए और देखने के लिए अभी बहुत कुछ शेष है।

कर्मरत व्यक्ति अपने हर दिन को अंतिम समझकर जिंदादिली और जोश से जीता है। अध्यात्म एवं योग उसके जीवन के सफर को मधुर और सुखमय बनाते हैं। मधुरता के साथ जिए गए थोड़े से पल व्यक्ति के संपूर्ण जन्म को सफल बना देते हैं। इन पलों में यदि सद्विचारों के साथ दूसरे के साथ साझा किए गए सुख जुड़ जाएँ तो व्यक्ति को स्वर्ग की अनुभूति होती है। इसलिए काम से रिटायर होने के बाद अपने जीवन को सुखमय और कर्मरत बनाएँ। आप जीवन से तभी रिटायर होंगे, जब आप स्वयं चाहेंगे। इस पृथ्वी पर मनुष्य जीवन कुदरत की एक खूबसूरत एवं अमूल्य देन है। इसलिए इस जीवन को सुंदर और सुखद अनुभूतियों के साथ आध्यात्मिक रूप से जिया जाए तो संतोष, धैर्य, करुणा और प्रेम के भाव हृदय में आलोड़ित होने लगते हैं।

□

आलोचना की चिंता

अपनी आलोचना को सुनकर कई लोग शारीरिक व मानसिक रूप से बीमार हो जाते हैं। आलोचना की चिंता उन्हें लक्ष्य से भटका देती है। वास्तविकता में आलोचना इस बात का अहसास है कि व्यक्ति आम लोगों से खास है। डेल कारनेगी अपनी पुस्तक 'हाऊ टू स्टॉप वरिंग एंड स्टार्ट लिविंग' में लिखते हैं, "हममें से ज्यादातर लोग आलोचना के छोटे-छोटे तीरों और भालों को जरूरत से ज्यादा गंभीरता से लेते हैं।" अमेरिका की सुप्रसिद्ध राजनीतिज्ञ एलीनोर रूजवेल्ट को तीखी आलोचना का सामना करना पड़ा था। उनकी आंटी ने उन्हें एक बहुत अच्छी सलाह दी थी, "यदि आप कुछ करेंगे तो भी आपकी आलोचना होगी और अगर आप कुछ नहीं करेंगे तो भी आपकी आलोचना होगी।" इस शिक्षा को उन्होंने अंत तक आजमाया और प्रसिद्धि पाई। एडमिरल पियरी ने 6 अप्रैल, 1909 को अपने कुत्ते के साथ उत्तरी ध्रुव तक पहुँचकर दुनिया को चकित और रोमांचित कर दिया था। उन्हें इस लक्ष्य तक पहुँचने के लिए इतनी बाधाएँ आईं कि उन्हें लगने लगा था कि वे पागल हो जाएँगे। दूसरी ओर उनके आलोचक उनके प्रचार से ईर्ष्या कर उन पर आरोप लगा रहे थे कि वे वैज्ञानिक अभियानों के लिए रुपए इकट्ठे कर आर्कटिक में आवारागर्दी कर रहे हैं। तत्कालीन राष्ट्रपति की मदद से उन्होंने अपने अभियान को पूरा कर उन वैज्ञानिकों को करारा जवाब दिया कि वे आलोचना की चिंता से बेखबर अपने अभियान को पूरा करने में लगे थे। इसी तरह गृहयुद्ध के तनाव में लिंकन पर आलोचना के इतने बाण गिरे कि यदि वे उनकी चिंता करते तो निश्चित रूप से धराशायी हो जाते। उन्होंने आलोचना की चिंता करे बगैर अपने कार्य को जारी रखा। आलोचना के बारे में उनका कहना था, "यदि मैं अपनी सारी आलोचनाएँ पढ़ने की कोशिश करूँ तो मैं कोई दूसरा काम कभी कर ही नहीं पाऊँगा।" इसलिए मैंने अपनी आलोचना की चिंता स्वयं के बजाय आलोचकों पर छोड़ दी है।

एक प्रसिद्ध दार्शनिक अपने सद्व्यवहार के कारण लोगों में अत्यंत प्रसिद्ध थे। यदि कोई उनकी आलोचना करता या उनसे दुर्व्यवहार करता तो वे मुसकरा

कर अपने काम में लग जाते और ऐसे शांत रहते मानो कुछ हुआ ही न हो। एक बार दार्शनिक किसी व्यक्ति से बात कर रहे थे। अचानक बातों के दौरान उस व्यक्ति को किसी बात पर गुस्सा आ गया और उसने उनके साथ दुर्व्यवहार कर दिया व उनकी आलोचना करने लगा। दार्शनिक अपनी आलोचना और दुर्व्यवहार पर भी धैर्य धारण करके शांतचित्त बने रहे। जब उनके शिष्यों ने उस व्यक्ति को कुछ कहना चाहा तो दार्शनिक ने उन्हें भी शांत कर दिया। जब वह व्यक्ति वहाँ से चला गया तो उनके एक शिष्य ने कहा, "गुरुजी, यह तो अच्छी बात नहीं है कि कोई आपके साथ दुर्व्यवहार करे और आप चुप रहें।" तभी उनका दूसरा शिष्य बोला, "गुरुजी, आपने स्वयं तो उसे कुछ नहीं कहा, यहाँ तक कि हमें भी कुछ नहीं कहने दिया। हमसे यह बर्दाश्त नहीं होता कि कोई हमारे सामने आपके साथ दुर्व्यवहार करे व आपकी आलोचना करे और हम चुप रहें।" शिष्यों की बात सुनकर दार्शनिक मुसकराते हुए बोले, "बच्चो, तुम सब मेरे शिष्य हो। क्या तुम मेरे साथ रहकर यही सीखे हो कि यदि कोई तुम्हारे साथ दुर्व्यवहार करे या तुम्हारी आलोचना करे तो तुम भी उसके साथ वैसा ही करो। ऐसा करके तुम कभी भी सद्व्यवहार को नहीं अपना सकते। सद्व्यवहार वही व्यक्ति अपना सकता है, जो हर स्थिति में दुर्व्यवहार व आलोचना को बर्दाश्त करने की क्षमता रखता हो।" यह सुनकर एक शिष्य बोला, "गुरुजी, जब कोई हमारी आलोचना करे तो हमें क्या करना चाहिए, क्या हमें शांतचित्त से अपमान को पी लेना चाहिए?" इस पर दार्शनिक बोले, "नहीं, बल्कि तुम्हें अपनी आत्मा और चित्त को उस ऊँचाई पर ले जाना चाहिए, जहाँ कोई दुर्व्यवहार तुम्हें छू भी न सके। याद रखो, जीवन में कामयाबी तभी मिलती है, जब व्यक्ति अपने व्यक्तित्व को मानसिक रूप से इतना मजबूत बना लेता है कि नकारात्मक टिप्पणी, आलोचना या व्यवहार उसे प्रभावित नहीं कर सकते।" दार्शनिक की बात सुनकर शिष्य सहमत हो गए। उन्होंने संकल्प लिया कि वे भी अपने व्यक्तित्व को महान् दार्शनिक की भाँति मजबूत बनाएँगे।

यदि आलोचना के समय धैर्य और शांति से अपने काम पर ध्यान दिया जाए तो व्यक्ति कामयाबी के शिखर पर पहुँच जाता है। अरुणिमा सिन्हा ने जब दुर्घटना के बाद एवरेस्ट पर चढ़ने की बात कही तो आलोचकों ने उन्हें मानसिक रूप से बीमार तक कह डाला था। उन्होंने आलोचना की चिंता न करते हुए इस बात की चिंता की कि वे कैसे एवरेस्ट के शिखर तक पहुँच सकती हैं। आज अरुणिमा आलोचना की चिंता से बहुत दूर अपने अन्य लक्ष्यों को पूरा करने में जुटी हैं। इसलिए जब

कोई आपकी आलोचना करे तो धैर्य, मुसकराहट का छाता खोलकर आलोचना की बारिश से स्वयं को बचाएँ और जीवन सफल बनाएँ। आलोचना से विचलित हुए बिना अपने पथ पर आगे बढ़ते रहें, निश्चित रूप से सफलता आपकी झोली में होगी और आलोचकों का मुँह बंद हो जाएगा।

□

आँसू का उपहार

अकसर आँखों में आँसू देखकर लोगों को लगता है कि यह कमजोरी की निशानी है। पुरुषों में बचपन से ही यह भावना घर कर जाती है कि आँसू केवल लाचार लोग या फिर महिलाएँ ही बहाती हैं। इसलिए अत्यंत परेशानी, पीड़ा और तनाव में वे जबरदस्ती अपने आँसुओं को रोककर रखते हैं और अंदर-ही-अंदर घुटते रहते हैं। कई बार यह पीड़ा इतनी अधिक अवसादग्रस्त हो जाती है कि वे आत्मघातक कदम तक उठा लेते हैं। कैलिफोर्निया के मनोविश्लेषक टैज डब्ल्यू. किन्नी का मानना है, "महिलाओं की तुलना में तीन गुना पुरुष शराबी इसलिए होते हैं, क्योंकि पुरुष रोने से परहेज करते हैं। कुछ पैग पी लेने के बाद जब वे रिलैक्स हो जाते हैं तो उन्हें गुस्सा करने या दु:ख सुनाने का बहाना मिल जाता है।" जबकि जिस तरह प्रसन्नता, क्रोध, भय आदि स्वाभाविक हैं, उसी तरह आँसुओं का निकलना भी स्वाभाविक है। यह ईश्वर का दिया हुआ एक अत्यंत अनमोल उपहार है, हमारे शरीर का एक सेफ्टी वॉल्व है। इसलिए जब आँसू बहते हैं तो उसमें शर्मिंदा होने की आवश्यकता नहीं है। आँसू शरीर की आंतरिक प्रणाली को स्वस्थ रखने में भी अत्यंत महत्त्वपूर्ण भूमिका निभाते हैं। ऑलिवर ट्विस्ट ने अपने उपन्यास 'चार्ल्स डिकेन्स' में एक चरित्र मिस्टर बंबल के माध्यम से आँसुओं के बारे में कहलवाया है, "रोना फेफड़ों को साफ करता है, चेहरे को धो देता है, आँखों का व्यायाम करवाता है और गुस्से को कम कर देता है, इसलिए जी भर के रोओ।" 'चार्ल्स डिकेन्स' उपन्यास में ऑलिवर ट्विस्ट ने आँसुओं के महत्त्व पर प्रकाश डाला है। उन्होंने मिस्टर बंबल के चरित्र के माध्यम से यह भी बताने का प्रयास किया है कि पीड़ा व तकलीफ के समय केवल महिलाओं के ही आँसू आएँ, यह जरूरी नहीं। आँसू केवल महिलाओं की बपौती नहीं हैं। अपितु पुरुष भी आँसू के माध्यम से अपने को मानसिक शांति प्रदान कर सकते हैं, अपने को अनेक शारीरिक व मानसिक बीमारियों से बचा सकते हैं। कुदरत ने आँसू का उपहार स्त्री व पुरुष दोनों को समान रूप से प्रदान किया है, लेकिन

पुरुष प्रधान समाज ने इस बात को स्वयं गढ़ा है कि पुरुषों की आँखों में आँसू कमजोरी के परिचायक हैं। शायद यही कारण है कि अकसर पुरुष कई बार तनाव में आत्महत्या तक को गले लगा लेते हैं। वे अपनी पीड़ा को अंदर-ही-अंदर दबाते रहते हैं। उसे आँसू के माध्यम से बाहर नहीं निकालते। उन्हें लगता है कि यदि किसी ने उन्हें आँसू बहाते देख लिया तो वे कमजोर कहलाएँगे, जबकि ऐसा नहीं है, केवल पीड़ा या तकलीफ के समय ही आँसू नहीं निकलते, बल्कि अत्यंत खुशी और बड़ी कामयाबी मिलने पर भी स्वत: ही आँसू आँखों से निकल आते हैं।

खुशी और आँसू का अद्भुत संगम जिस-जिस व्यक्ति को मिलता है, वह खुशनसीब होता है। जिंदगी में मीठे की अधिकता नकारात्मक हो जाती है, इसलिए नमकीन, कड़वा और खट्टापन का स्वाद होना भी जरूरी है। कवि रॉबर्ट हैरिक ने आँसुओं को 'आँख की उदात्त भाषा' कहा है। इस भाषा का जीवन में बहुत महत्त्व है। आँसू बड़ी-से-बड़ी परेशानी को अपने साथ बहा ले जाते हैं और व्यक्ति को अनुभवी बना जाते हैं। आँसुओं की महत्ता को मनोवैज्ञानिक भी समझ चुके हैं। शायद इसलिए एक देश ने तो लोगों के रोने के लिए ऐसे परिवेश और स्थान का निर्माण किया है, जहाँ पर द्रवित फिल्मों को देखकर व कहानियों को पढ़कर स्वत: ही आँखों में आँसू आ जाते हैं। आजकल लोगों के हृदय से संवेदनाएँ खत्म होती जा रही हैं। आए दिन छोटी-छोटी बातों पर एक-दूसरे की जान ले लेना आम बात हो गई है। जीवन में यह जरूरी है कि लोग कभी-कभी आँसू के माध्यम से अपनी पीड़ा, परेशानी और क्रोध को बाहर निकालें। जिस तरह जल में रेत लगी या मैली वस्तु धोकर स्वच्छ हो जाती है, इसी तरह आँसुओं के माध्यम से ईर्ष्या, परेशानी और क्रोध बहकर समाप्त हो जाता है।

जब पीड़ा अत्यंत तकलीफदेह हो जाती है तो व्यक्ति के शरीर में हानिकारक रसायनों का निर्माण होने लगता है, जो व्यक्ति को ब्लड प्रेशर, मधुमेह, हृदय रोग आदि का रोगी बना देता है। पीड़ा के समय यदि आँसुओं को अपना दोस्त बना लिया जाए तो अधिकतर दु:ख व तकलीफ आँसुओं के द्वारा इनमें बह जाते हैं।

व्यक्ति को अपने नजरिए को बदलना होगा कि आँसू केवल दु:ख या तकलीफ देते हैं। आँसू व्यक्ति के जीवन को सुंदर और खूबसूरत भी बनाते हैं। इसलिए इस अनमोल उपहार को वक्त और जरूरत के हिसाब से अवश्य प्रयोग करना चाहिए।

□

कामयाबी की जिद

जिद को बुरा इसलिए कहा जाता है, क्योंकि यह अधिकतर नकारात्मक बातों व वस्तुओं को लेकर होती है। नकारात्मक दृष्टिकोण के आधार पर किए गए कार्य गलत सिद्ध होते हैं, क्योंकि उनके पीछे सद्भावनाओं का अभाव होता है। सकारात्मक दृष्टिकोण के आधार पर पकड़ी गई जिद व्यक्ति को कामयाबी की बुलंदियों पर पहुँचा देती है। चीन की दीवार, मिस्र का पिरामिड, पनामा नहर, चाँद पर मानव के कदम और ताजमहल का निर्माण सब जिद का ही परिणाम हैं। पूर्व विश्व सुंदरी और सफल अभिनेत्री प्रियंका चोपड़ा कहती हैं, "किसी भी अच्छी चीज को पाने की जिद उसे उस चीज को हासिल करवाकर ही रहती है।" अनेक ऐसे उदाहरण हैं, जो कामयाबी की जिद के कारण बुलंदियों तक पहुँचे हैं। एडमंड हिलेरी ने अपने दोस्तों के मना करने के बावजूद भी एवरेस्ट पर विजय हासिल करने की जिद ठान ली। पहली बार में वह एवरेस्ट पर नहीं चढ़ सके। लौटते वक्त वह माउंट एवरेस्ट से बोले, "तुमने मुझे हरा दिया, पर मैं फिर लौटूँगा और तुम्हें हरा दूँगा।" इसके बाद उन्होंने एवरेस्ट जीतने की जिद ठान ली। दूसरी बार उन्होंने माउंट एवरेस्ट पर फतह की और अपनी जिद को सही साबित किया। इसी तरह थॉमस अल्वा एडीसन ने यदि बिजली के सात सौ प्रयोग असफल होने पर भी बल्ब का आविष्कार करने की जिद न ठानी होती तो आज लोगों की रातों में उजाला न होता। टेनेसी राज्य की विल्मा ग्लोडियन रूडोल्फ ने अपंग होने के बावजूद 1960 के ओलंपिक में तीन-तीन पदक जीतकर सभी को दाँतों तले उँगली दबाने पर मजबूर कर दिया था। नेत्रहीन हेलेन केलर ने कामयाबी की जिद के कारण ही अनेक पुस्तकों की रचना कर डाली। उनका कहना था, "ईश्वर एक दरवाजा बंद करता है तो दूसरा खोल देता है, पर हम उस बंद दरवाजे की ओर टकटकी लगाए बैठे रहते हैं। दूसरे खुले दरवाजे की ओर हमारी दृष्टि ही नहीं जाती।"

एक बार मशहूर वैज्ञानिक अल्बर्ट आइंस्टीन और उनका सहायक ऑफिस में काम कर रहे थे। काम खत्म हो जाने के बाद बहुत सारे पेपर मेज पर इकट्ठे हो गए।

उन सभी पेपरों को बराबर करके आइंस्टीन उन्हें बाँधने के लिए पेपर क्लिप ढूँढ़ने लगे, लेकिन उस समय उन्हें व उनके सहायक को कहीं भी पेपर क्लिप नजर नहीं आई। पेपर क्लिप में बँधे बिना पेपर इधर-उधर हो जाते। यह सोचकर आइंस्टीन व उनका सहायक पेपर क्लिप को ढूँढ़ने लगे। बहुत तलाश करने पर आखिर आइंस्टीन को एक खराब-सा मुड़ा हुआ पेपर क्लिप मिल गया। वह क्लिप अत्यंत खराब अवस्था में था और उसमें पेपर बाँधने के लिए उसे सीधा करना जरूरी था। यह देखकर आइंस्टीन उस क्लिप को सीधा करने में जुट गए। काफी देर हो गई। इसी बीच उनका सहायक बाजार जाकर एक पेपर क्लिप का नया पैकेट खरीद लाया।

सहायक ने नया पेपर क्लिप लाकर पेपरों में लगा दिया और अपने काम में जुट गया। एक-दो घंटे में अपना काम खत्म करने के बाद सहायक आइंस्टीन के पास आया तो यह देखकर दंग रह गया कि वह अभी भी उस खराब व मुड़े हुए क्लिप को सीधा करने में लगे थे। सहायक उनसे बोला, "सर, मुझे पेपरों को क्लिप में लगाए लगभग दो घंटे होनेवाले हैं और आप अभी भी इस क्लिप को सीधा करने की कोशिश में लगे हैं। अब तो बहुत सारे नए क्लिप एक साथ आ गए हैं। अब आपको इस मुड़े हुए क्लिप को सीधा करने की जरूरत नहीं है।" सहायक की बात सुनकर आइंस्टीन बोले, "तुम अपनी जगह ठीक हो, लेकिन मैं एक बार जब अपना लक्ष्य तय कर लेता हूँ तो उससे हटना मेरे लिए मुश्किल हो जाता है। मैं कामयाबी के मामले में बहुत जिद्दी हूँ, इसलिए इसे प्राप्त करके ही दम लेता हूँ।" आइंस्टीन की यह बात सुनकर सहायक समझ गया कि उनके गुरु की सफलता का राज अंत तक लक्ष्य की प्राप्ति की जिद में जुटे रहना है।

जिद से काम करने के कारण व्यक्ति एक-न-एक दिन सफल हो ही जाता है। जिद ने अनेक व्यक्तियों को सफल बनाया है, यहाँ तक कि ब्लेड का आविष्कार करनेवाले जिलेट को अनेक समस्याओं का सामना करना पड़ा था। उनके छोटे से ब्लेड पर किसी ने ध्यान नहीं दिया। इस कारण उन पर काफी कर्ज भी चढ़ गया, किंतु उन पर जिद सवार थी कि ब्लेड को लोगों के दैनिक जीवन का अंग बनाना है और आज बच्चा-बच्चा जिलेट ब्लेड से वाकिफ है। यही है कामयाबी की जिद, जो देर-सवेर व्यक्ति को बुलंदियों पर पहुँचा देती है तो आप अपने अंदर कामयाबी की जिद कब ला रहे हैं?

□

क्या है यह मजबूरी

लोग कामयाब न हो पाने पर, परीक्षा में असफल हो जाने पर या रिश्तों के ताने-बानों में उलझने पर अपनी मजबूरी बयाँ करने लगते हैं। वे कहते हैं कि मेरे पास साधन नहीं थे, इसलिए मैं असफल हो गया। यदि वास्तव में साधनों के अभाव के कारण लोग असफल रहते थे तो आज कभी भी थॉमस अल्वा एडीसन, मैरी क्यूरी, हेलेन केलर, स्वामी रामतीर्थ, लाल बहादुर शास्त्री, स्टीफन हॉकिंग, अरुणिमा सिन्हा सफलता के उस पायदान पर न पहुँच पाते, जहाँ तक पहुँचने का सपना हर व्यक्ति का होता है।

मनोवैज्ञानिकों का कहना है कि मजबूरी दरअसल लोगों के मन का भ्रम है। यह एक ऐसी मानसिक स्थिति है, जिसमें व्यक्ति घटनाओं और परिस्थितियों को इच्छानुकूल नहीं पाता और उन्हें बदलने में अपने को पूरी तरह असमर्थ पाता है। वास्तविकता यह है कि मजबूरी उसी के लिए है, जो उसे स्वीकार करे, अन्यथा मजबूरी कोई चीज नहीं है। यदि आदिकाल से मानव मजबूरी समझकर परिस्थितियों से समझौता कर लेता तो आज कभी भी व्यक्ति को सुविधा की सारी वस्तुएँ उपलब्ध न हो पातीं। बिजली से लेकर एक सूई तक मानव की सोच और कड़ी मेहनत का नतीजा है। जब रेल या गाड़ी का आविष्कार नहीं हुआ था तो व्यक्ति को एक स्थान से दूसरे स्थान तक पहुँचने में महीनों लग जाते थे। वहीं अब आधुनिक यातायात के साधनों के माध्यम से यह दूरी महीनों से घटकर कुछ घंटों में सिमटकर रह गई है।

मजबूरी वह मानसिक अवरोध है, जिसे पुरुषार्थ से कतरानेवाले नितांत अपनी सुविधा के मुताबिक मनचाहे मौके पर लगाकर अपनी पुरुषार्थहीनता से समझौता करके अपने दायित्व से मुक्त होने में सफल हो जाते हैं। जो व्यक्ति मन में सफल होने का संकल्प ठान लेता है, उसे असफल होने के लिए कोई परिस्थिति मजबूर नहीं कर सकती। देर-सवेर उसे सफलता मिल ही जाती है।

एक युवक को लिखने का शौक था। वह अपने लेखन को समाचार-पत्रों

में भेजता रहता था, लेकिन उसके पास हर ओर से अस्वीकृति के खेद भरे पत्र आते थे। युवक बिना निराश हुए अपनी नई रचना लिखने लग जाता था। एक दिन युवक ने देश और समाज के दुःख-दर्द की कथा सीधी-सरल भाषा में नई तकनीक के साथ लिखी। वह उस कहानी को अपने देश के प्रमुख पत्र 'पेरी हेराल्ड' में प्रकाशित कराने के उद्‌देश्य से संपादक के पास लेकर गया। संपादक युवक को देखकर व्यंग्य से बोला, "तुम एक नए कहानीकार हो। अनुभव और सृजन-कला में अपरिक्व। मैं नहीं समझता कि 'पेरी हेराल्ड' जैसे पत्र के स्तर की कहानी तुम्हारे पास है। तुम अन्य संपादकों से संपर्क करो। मेरे पास समय नहीं है।" अपना तिरस्कार और अपमान होने पर भी युवक सहजता से बोला, "सर, मैं अपनी इस कृति को इस आशा के साथ आपके पास छोड़कर जा रहा हूँ कि समय मिलने पर आप इसे एक नजर अवश्य देखेंगे और कमी पाए जाने पर मुझे बताएँगे ताकि मैं उसमें सुधार कर सकूँ।"

यह कहकर युवक वहाँ से चला गया। एक दिन 'पेरी हेराल्ड' का वही संपादक उस युवक के दरवाजे पर खड़ा दस्तक दे रहा था। जब युवक ने दरवाजा खोलने पर 'पेरी हेराल्ड' के संपादक को सामने पाया तो वह दंग रह गया। वह उन्हें अत्यंत विनम्रता से अंदर ले गया और बोला, "सर, यदि आप सूचित करते तो मैं स्वयं आपके पास उपस्थित हो जाता।" युवक की बात पर संपादक निःसंकोच भाव से बोले, "आना तो मुझे ही था फ्रांस के महान् कहानीकार से भेंट करने।" संपादक के मुँह से यह सुनकर युवक का मुँह खुला-का-खुला रह गया। उसे अपने कानों पर विश्वास ही नहीं हुआ। तब संपादक बोले, "आप विश्वास करें। आपकी कहानी का अवलोकन करने पर उसे अति उच्चकोटि का पाया गया। अंततः आपको 'महान् कहानीकार' की पदवी से विभूषित किया गया है। इसलिए मैं आपको बधाई देने के लिए स्वयं उपस्थित हुआ हूँ।" इसके बाद संपादक ने एक हजार फ्रैंक के नोट निकालकर युवक के हाथों में पुरस्कारस्वरूप रख दिए। पुरस्कार देने के बाद संपादक बोले, "मैं आशा करता हूँ कि भविष्य में भी आप 'पेरी हेराल्ड' के लिए अपनी रचनाएँ हमें भेजते रहेंगे। यह युवक 'कहानी सम्राट्' बनकर फ्रांस के क्षितिज पर उभरा। साहित्य जगत् में आज उस युवक को मोपासाँ के नाम से जाना जाता है।

ऐसे सत्य प्रसंग इस बात को दृढ़ता से साबित करते हैं कि मजबूरी वास्तव में काम से बचने का बहाना है। मजबूरी वस्तुतः सामर्थ्य की कमी तथा शारीरिक और मानसिक आलस्य का परिणाम होती है। यदि व्यक्ति अपने विवेक के अनुकूल

आचरण करे, हमेशा सकारात्मक भावनाओं से काम करे, आलस्य को अपने पास न फटकने दे और किसी भी हालत में मुसकराहट का साथ न छोड़े तो वह किसी भी परिस्थिति में मजबूरी का अनुभव नहीं करेगा।

मजबूरी एक मानसिक अवस्था है। मुसकराहट, प्रसन्नता, सद्कर्म में लगे रहना ही इससे दूर रहने का सीधा-सरल उपाय है।

□

बुरी आदतों को भगाइए, जीवन सफल बनाइए

दिमाग हमारे पूरे शरीर को नियंत्रित करता है। यह स्नायु तंत्र के जरिए से काम करता है। स्नायु तंत्र नर्व सेल्स से बना होता है। ये नर्व सेल्स करोड़ों सूचनाओं को एक साथ इधर से उधर पहुँचाती हैं। इन समाचारों को इधर-उधर पहुँचाने में जब एक ही प्रकार की सूचना बार-बार दोहराई जाती है, तो एक खास व्यवहार का ढंग बनता जाता है। यह ढंग ही आदत कहलाता है। व्यक्ति कई बातों का आदी होने के कारण स्वयं को कठिनाई से बदल पाता है। ये आदतें अच्छी व बुरी दोनों ही हो सकती हैं। अच्छी आदतों को जीवन में उतारना कठिन है, जबकि बुरी आदतें स्वत: ही लोगों के जीवन का अंग बन जाती हैं। एच.डी. थोरो कहते हैं, "वस्तुएँ नहीं बदलतीं, हम ही बदलते हैं।" आदतों की जड़ें व्यक्ति के अवचेतन मन में घर कर जाती हैं। बुरी आदतें पहले मकड़ी के जाले की तरह हलकी होती हैं, लेकिन फिर धीरे-धीरे वही लोहे के तार की तरह मजबूत बन जाती हैं। आदत अच्छी हो या बुरी, वह व्यक्ति के दिमाग में रास्ते बना लेती है। जब दिमाग में रास्ते बन जाते हैं तो व्यक्ति उन्हीं के अनुसार चलते हैं। यदि आदतें अच्छी हैं तो दिमाग के बने रास्ते पर चलकर व्यक्ति कामयाबी प्राप्त करता है, जैसे कि दृष्टिहीन एन. एल. बेनो जेफाइन अपनी पढ़ने की आदत के कारण भारत की पहली आई.एफ.एस. अधिकारी बन गईं और स्कोलियोसिस नाम की बीमारी से पीड़ित इरा सिंघल ने बचपन से ही अपनी बीमारी को हराने की आदत के कारण प्रशासनिक सेवा में संपूर्ण भारत में प्रथम स्थान प्राप्त कर विजय प्राप्त की। बुरी आदतों को कार्य में लगे रहने के कारण दूर किया जा सकता है।

बाबा सदानंद लोगों की बुरी आदतें सुधारते थे। विनय नामक एक युवक को नशे की बुरी आदत थी। सदानंद ने युवक की नशे की आदत छुड़ाने की ठान

ली। वे उससे बोले, "बेटा, यदि तुम मेहनत से दिन-रात एक कर मेरे यहाँ कुछ काम करो तो मैं तुम्हें छह महीने में छह हजार स्वर्ण मुद्राएँ दूँगा।" छह हजार स्वर्ण मुद्राओं का नाम सुनते ही विनय खुशी से झूम उठा और सोचने लगा कि इतनी मुद्राएँ मिलने पर उसे किसी के आगे हाथ नहीं फैलाना पड़ेगा और वह जब चाहे, नशा कर सकेगा। बाबा युवक के हृदय की बात समझ गए और बोले, "पुत्र, किंतु इस दौरान तुम्हें काम मेहनत से करना होगा। तुम्हें केवल खाना खाने का वक्त मिलेगा। खाना भी यहीं से दिया जाएगा। छह महीने लगातार शर्त के मुताबिक काम करने पर ही तुम उन मोहरों के हकदार बनोगे।" मोहरों के लालच ने विनय को हर शर्त स्वीकार करने पर मजबूर कर दिया। अब विनय पूरे आश्रम की सफाई करता, खाना बनवाता, पशुओं की देखभाल करता और आश्रम में बाबा से मिलनेवाले लोगों की जानकारी रखता। बीच-बीच में उसे नशे की तलब लगती, किंतु इसका उसे समय ही नहीं मिलता था। वह कई बार तड़पता, किंतु काम के बोझ में कुछ देर बाद तड़प को भूल जाता। एक महीने में युवक को काम करने में आनंद आने लगा और धीरे-धीरे उसने अपनी नशे की मनोवृत्ति पर लगाम लगा ली। छह महीने बाद बाबा सदानंद ने विनय को अपने पास बुलाया और उसे स्वर्ण मुद्राओं की थैली देते हुए बोले, "यह लो बेटा, तुम मेरी शतर्रों पर खरे उतरे और इसलिए मैं तुम्हें छह हजार की जगह दस हजार मुद्राएँ दे रहा हूँ।"

बाबा की बात सुनकर विनय रोते हुए बोला, "बाबा, अब मेरी इन मुद्राओं को पाने की कोई इच्छा नहीं है, क्योंकि मुद्राएँ मैं नशा करने के लिए पाना चाहता था। नशे की आदत पर काबू पाना आसान नहीं था, किंतु आपने मुझे लगातार काम में लगाए रखा और मैं नशे की बुरी आदत से मुक्त हो गया।"

अमेरिका के डॉ. रिचार्ड बैंडलर आदत बदलने के लिए 'न्यूरोलिंग्विस्टिक प्रोग्रामिंग' नामक तकनीक का प्रयोग करने के लिए कहते हैं। उन्होंने इस तकनीक को ईजाद किया है। इस तकनीक में व्यक्ति को अपनी बुरी आदत पर काबू पाने के लिए निम्न तरीकों के अनुसार चलना होता हैं। ये तरीके हैं—अपना लक्ष्य तय करें, बुरी आदतें न छोड़ पाने के कारणों को जानें, बुरी आदतों को छोड़ने पर मिलनेवाले आनंद को महसूस करें, बुरी आदत के स्थान पर अच्छी आदत को अपने जीवन में शामिल करने का प्रयास करें।

व्यक्ति बुरी आदतों को स्वयं बनाता है। इसलिए उन्हें सिर्फ वह ही अपनी दृढ़ इच्छाशक्ति और प्रयास से बदल सकता है। भारत के पूर्व राष्ट्रपति डॉ.

राधाकृष्णन ने कहा है, "हम स्वयं अपने मित्र हैं, स्वयं अपने शत्रु, स्वयं अपने स्वामी और स्वयं अपने लक्ष्य हैं।" इसलिए बुरी आदतों के दास बनकर अपने जीवन को दासों सा व्यतीत मत कीजिए, बल्कि अच्छी आदतों को अपनाकर जीवन में सफलता प्राप्त कर मालिक बनकर रहिए और दूसरों को भी अच्छी आदतें अपनाने की राय दीजिए।

□

पुस्तकों से दोस्ती

लोगों के जीवन में अनेक ऐसे दोस्तों का आगमन होता है, जो उनके जीवन को नई दिशाएँ देने में प्रमुख भूमिका निभाते हैं, लेकिन पुस्तकें ऐसी दोस्त हैं, जो प्रत्येक व्यक्ति की हर उलझन, हर जिज्ञासा, हर संदेह का समाधान बिना किसी झगड़े व अहिंसा के करने में निर्णायक भूमिका निभाती हैं। यदि व्यक्ति जीवन में पुस्तकों से दोस्ती कर ले तो वह ऊँचाइयों को छू लेता है। पुस्तकें प्रतिपल व्यक्ति को नवीन ज्ञान देती हैं, उसकी मानसिक क्षमता को सुदृढ़ करती हैं तथा उसे मानसिक रूप से मजबूत बनाती हैं। पुस्तकों के साए में रहनेवाले व्यक्ति के व्यक्तित्व में सद्गुणों का समावेश रहता है। होरेस मान कहते हैं, "पुस्तकों के बगैर एक घर ऐसा ही है जैसे बिना खिड़की का कमरा। पढ़ने से ही ज्ञान के प्रति प्यार पनपता है और धीरे-धीरे इसमें इजाफा होता है और ज्ञान के प्रति लगाव ही युवा मस्तिष्क का आवेश और व्यसनों से बचाव की गारंटी है।" अच्छी पुस्तकें पढ़ने की आदत हमेशा लाभ पहुँचाती है। आज आधुनिक गैजेट्स आने से पाठकों की संख्या घट रही है। चाहे आधुनिक समय में कित्ने ही नवीन आविष्कार क्यों न हो जाएँ, लेकिन पुस्तकों का स्थान कोई भी नहीं ले सकता। पुस्तकें एकाग्रता से पढ़ने में एक अद्भुत आनंद की अनुभूति होती है। यह आनंद न सिर्फ सुख का अहसास कराता है, अपितु व्यक्ति को सही-गलत की पहचान भी कराता है। एक विद्वान् का तो यहाँ तक कहना है, "पुस्तकें जीते-जागते देवता हैं, उनकी सेवा करके तुरंत वरदान प्राप्त किया जा सकता है। पुस्तकों से अच्छा साथी व दोस्त किसी का हो ही नहीं सकता।"

लंदन में एक बालक रहता था। उसकी पारिवारिक स्थितियाँ अत्यंत दुःखदायी थीं। पिता जेल में थे। बालक को अपना पेट भरने के लिए स्वयं काम करना पड़ता था। उसकी स्कूल जाने की बहुत इच्छा थी। उसने स्कूल जाना शुरू किया। वह बालक स्कूल जाने के साथ-साथ काम भी करता था। इसलिए वह नियमित रूप से स्कूल नहीं जा पाया। उसकी स्कूली शिक्षा टुकड़ों में होती रही,

लेकिन फिर भी उस बालक को पढ़ने का अत्यंत शौक था। समय मिलने पर वह पुस्तकों को उठाकर बैठ जाता और उन्हें पढ़ने की कोशिश करता। कुछ न समझ आने पर भी वह पुस्तक पढ़ता रहता। उसने अपने पेट की क्षुधा शांत करने के लिए अनेक काम किए। गोदाम में बोतलों पर लेबल लगाए। वह अपने जैसे दो बालकों के साथ एक छोटे से दड़बे में रहता था। जहाँ दोनों अन्य बालक काम से फुरसत पाकर मनोरंजन में लग जाते, वहीं वह पुस्तकों में लगा रहता। कई बार वे लड़के उसे छेड़ते हुए कहते, "अरे, काम से थक-हारकर व्यक्ति का मन करता है कि वह घूमे-फिरे, अच्छा भोजन खाए, लेकिन तुम तो इसके बिल्कुल विपरीत हो। तुम्हें तो जब भी समय मिलता है, पुस्तक उठाकर बैठ जाते हो।" दूसरा लड़का व्यंग्य करते हुए बोला, "लगता है, एक दिन यह इन पुस्तकों के माध्यम से ही इतिहास रचेगा। यह तो पुस्तकों में इस तरह खोया रहता है जैसे कि वे ही इसकी मित्र हैं, हम नहीं।"

दोनों लड़कों की बातें सुनकर बालक मुसकराकर बोला, "हाँ, तुमने बिल्कुल सही कहा। ये पुस्तकें ही मेरी सच्ची दोस्त हैं और देखना, मेरी यही मित्र पुस्तकें एक दिन मुझे पूरे विश्व में यश दिलवाएँगी।" उसकी बात सुनकर दोनों मित्रों ने उसका मजाक उड़ाया और उसे छोड़कर मनोरंजन के लिए चल दिए। धीरे-धीरे इस लड़के ने लिखना शुरू कर दिया। उसे अपने लिखने पर बिल्कुल भरोसा न था। वह इन्हीं दोनों लड़कों को अपनी रचनाएँ दिखाता। वे लड़के कभी उसके द्वारा लिखी रचना की तारीफ करते तो कभी मजाक उड़ाते। उसने अपनी कहानियों को छपने के लिए भेजना शुरू किया। उसकी कहानियाँ अस्वीकृत होती रहीं, लेकिन उसने हिम्मत न हारी और एक दिन वह हुआ, जो उसकी कल्पना के परे था। उसकी एक कहानी अखबार में छप गई थी। इससे उसका आत्मविश्वास बलवती हुआ। फिर उसकी कहानियाँ छपती रहीं और उसे संपादकों व पाठकों से प्रशंसा व सम्मान मिलता रहा। आज उसी बालक को पूरा विश्व 'चार्ल्स डिकेन्स' के नाम से जानता है।

पुस्तकों के कारण ही सभ्यता, संस्कृति व सद्विचार एक व्यक्ति से दूसरे व्यक्ति और अन्य देश तक पहुँचते हैं। शताब्दियों से व्यक्ति के जीवन में पुस्तकें महत्त्वपूर्ण भूमिका निभाती रही हैं। व्यक्ति जितना अधिक पुस्तकों का प्रयोग करता है, वह उतनी ही बुद्धिमत्ता और रचनात्मकता के साथ नए विचारों व आविष्कारों का सृजन में सफल होता है। स्वर्गीय भूतपूर्व राष्ट्रपति एवं सुप्रसिद्ध वैज्ञानिक भारतरत्न डॉ. ए.पी.जे. अब्दुल कलाम इस बात का सशक्त उदाहरण हैं।

पुस्तक की भाषा को मन लगाकर एकाग्रता से पढ़िए। निश्चित रूप से ऐसा करके आपको स्वयं लगेगा कि आपकी आँखों पर से भ्रम व असत्य तथ्यों का आवरण टूट रहा है और सत्य, शुभ व सकारात्मक विचारों का बोध आपके व्यक्तित्व पर प्रभावी होता जा रहा है। अच्छी पुस्तकें आपकी ऐसी दोस्त हैं, जो आपको कम समय में सफलता की गहराइयों तक पहुँचा देती हैं।

□

बरसात की बूँदों में छिपी है खुशियों की सौगात

प्रकृति में विभिन्न मौसम आते-जाते हैं। हर मौसम परिवर्तन के संकेत के साथ प्रकृति की सुंदरता, प्रसन्नता और मिजाज को बयाँ करता है। सावन के महीने को साहित्य में अपनी खूबसूरती के कारण भरपूर स्थान मिला है। इस मौसम में बरसात की झड़ी लग जाती है। बरसात और सावन प्रेम के मधुर रिश्ते को अधिक महका देते हैं। अनेक फिल्मों में बरसात के दृश्यों को खूबसूरती से उभारा जाता है। दर्शक फिल्मों और कहानियों में बरसात की सुंदरता से सराबोर होते हैं। लेकिन वास्तविक जीवन में बारिश की खूबसूरती को निहारने का वक्त लोगों के पास नहीं है। बरसात का इंतजार किसान से लेकर आम इनसान तक बेसब्री से करता है, किंतु कितने लोग ऐसे हैं, जो इस मौसम का शांति व प्रसन्नता के साथ लुत्फ उठा पाते हैं। रोजमर्रा की भागदौड़ भरी जिंदगी में कब बरसात आई और कब चली गई, यह अहसास ही नहीं होता। ऑफिस जाते समय बरसात का आलम मुसीबत और नजर आता है। उस समय हम बरसात के महत्त्व को नकारते हुए उसे कोसने लगते हैं। ऐसे में पुस्तक या अखबार में बारिश का महत्त्व व उसकी कीमत हमें नगण्य लगती है, क्योंकि हमारी सोच व्यापक सोच से निकलकर केवल अपनी सोच तक केंद्रित हो जाती है, वह केवल उसे ही सच मानता है, जो हमें सही लगता है। टोनी रॉबिन्स अपनी रचना 'अवेकन द जॉइंट विदिन' में कहते हैं कि यह दिमाग उन्हीं प्रश्नों के जवाब देना चाहता है, जो हम स्वयं से पूछते हैं। रिमझिम बरसात को एकाग्रता से निहारा जाए, उसमें मुग्ध होकर उसकी बूँदों को अपनी मुट्ठी में कैद किया जाए, कागज की नाव बनाकर उसमें बहाई जाए, कुछ देर ठंडी बूँदों में भीगा जाए तो यह बारिश आपकी सारी दुविधाओं, सारी चिंताओं को बहा देती है और आपमें ताजगी, जोश व स्फूर्ति का संचार करती है, किंतु मनुष्य को हमेशा 'सफलता को चुनना' सिखाया जाता है 'प्रसन्नता को

चुनना' नहीं। हम यह क्यों नहीं समझ पाते कि प्रसन्नता को चुनने में ही सफलता छिपी है। जब व्यक्ति हृदय से प्रसन्न होगा तो वह सफलता की ओर अग्रसर होगा, लेकिन जब व्यक्ति का हृदय दु:खी होगा तो उसे प्रकृति की सारी सुविधाएँ और खुशियाँ बेमानी प्रतीत होंगी। प्रसन्नता एक आंतरिक भाव है। दार्शनिक मार्टिन ने अपनी पुस्तक 'ऑथेंटिक हैप्पीनेस' में तर्क देते हुए कहा है, "जीवन भर की खुशी वंश, पैसे और भाग्य का परिणाम नहीं है। उनके अनुसार भीतर रहनेवाली शक्ति और विशेषताओं (उदारता, वास्तविकता, हास्य, सकारात्मक सोच) की पूँजी को इकट्ठा करके खुशी को बढ़ाया जा सकता है।" यह पूँजी प्रकृति की छाँव, विशेषकर वर्षा ऋतु में लबालब भर जाती है। बरसात में व्यक्ति तो क्या, पशु-पक्षी तक प्रसन्नता के आलम में डूब जाते हैं। मोर वर्षा आने पर अपनी प्रसन्नता नाचकर प्रकट करता है तो पक्षी कलरव करके और वृक्ष व पुष्प झूमकर अपनी खुशी व खूबसूरती को प्रकट करते हैं। ऐसे में व्यक्ति को भी बरसात की एक-एक बूँद का आनंद उठाना चाहिए। वर्षा के आनंद में डूब जाना चाहिए। ठंडी बूँदों में जीवन की सुंदरता और शांति को महसूस करना चाहिए। बूँदों में उल्लास, उत्साह और प्रसन्नता छिपी हुई होती है। श्री शरण कहते हैं कि "उल्लास और हास्य का वास्तविक नाम यौवन है।" शायद यही कारण है कि बरसात में जो व्यक्ति अपनी प्रसन्नता का इजहार करना सीख जाता है, वह उम्र, लिंग और पद से परे रहकर स्वयं में जीना सीख लेता है।

कोई व्यक्ति यदि यह कहे कि उसे जीवन में खुशी नसीब ही नहीं हुई तो इसका अर्थ है कि उसने खुशी को पहचाना ही नहीं, क्योंकि अंतहीन खुशियाँ उसी तरह आपके पास हैं, जिस तरह अंतहीन आकाश सबके पास, पर उस अंतहीन आकाश की ओर दृष्टि तो आपको ही डालनी है, तभी तो आप अंतहीन आकाश में मौजूद चाँद, तारों को निहार पाएँगे।

बरसात का मजा आपको हर उस मनोरंजन से अधिक आनंद प्रदान कर सकता है, जिसमें आप खोए रहते हैं और मानते हैं कि आपका मनोरंजन केवल कृत्रिम उपकरण ही कर सकते हैं, प्रकृति या रंग बदलते मौसम नहीं। आप अपने जीवन को प्रकृति की तरह लोचशील बना लेंगे तो जीवन खुद-ब-खुद सरल हो जाएगा। हेनरी डेविड कहते हैं, "जैसे-जैसे आप अपने जीवन को सरल बनाते जाएँगे, ब्रह्मांड के नियम भी आपके लिए सरल हो जाएँगे।" चिंताएँ, तनाव व भागदौड़ जीवन का अभिन्न हिस्सा हैं। ऐसे में इन्हें तो प्रतिदिन साथ चलना ही है, किंतु बरसात का मौसम बारह महीने नहीं रहता। ऐसा खुशगवार मौसम साल में

एक बार आता है और यदि अपने जीवन के अनेक बसंत गुजारने के बाद भी आप बरसात के मौसम में भीगकर उससे बातें नहीं कर पाए तो देर मत कीजिए, बरसात का मौसम आ गया है; आपको प्रसन्न करने के साथ ही अपने रंग में रँगने के लिए। बरसात का आनंद उठाइए और फिर देखिए, इस मौसम में आपके जीवन से तनाव व चिंताएँ किस तरह दूर भाग जाएँगी।

□

शब्दों की शक्ति

शब्दों के माध्यम से व्यक्ति को किसी भी भाव व रिश्ते का अहसास होता है। शब्दों के द्वारा ही व्यक्ति अपने विचारों का आदान-प्रदान करता है। शब्द अत्यंत महत्त्वपूर्ण होते हैं। वे व्यक्ति के विचारों को प्रभावित करते हैं। सही मायनों में शब्द हमारे विचारों की मुद्रा होते हैं। शब्दों के बिना न ही हम सोच सकते हैं, न ही अपना कोई कार्य कर सकते हैं। शब्दों की शक्ति अतुलनीय है। अच्छे व सकारात्मक शब्द व्यक्ति को सही दिशा व ज्ञान प्रदान करते हैं। कई बार सोच-समझकर किए गए अच्छे शब्दों का प्रयोग व्यक्ति का जीवन बदल देता है। सही बात सही समय पर केवल अच्छे शब्दों के माध्यम से ही की जा सकती है। कई बार व्यक्ति अनुचित शब्दों का प्रयोग करके अपने चरित्र व रिश्ते पर प्रश्नचिह्न लगा देता है। व्यक्ति को प्रतिदिन अपने अंदर अच्छे व सही शब्दों का प्रयोग करने की आदत डालनी चाहिए, क्योंकि कई बार बहुत इच्छा होने पर भी यदि व्यक्ति गलत शब्दों को रोक ले तो अनर्थ होने से बच जाता है। डोरोथी नेविल का कहना है, "सिर्फ सही बात को सही समय पर कहना ही कला नहीं है, बल्कि सर्वाधिक इच्छा होने के बावजूद गलत बात को बिना कहे रह जाना उससे भी बड़ी कला है।" शब्दों की शक्ति अतुलनीय है। जिन व्यक्तियों का शब्द भंडार अच्छा होता है, वे अपने मधुर शब्दों के माध्यम से सहजता से बिगड़े कामों को भी सँवार देते हैं। बहुत पुरानी कहावत है कि जिस तरह कमान से निकला हुआ तीर वापस नहीं आ सकता, उसी तरह मुँह से निकली बात भी वापस नहीं आ सकती।

एक बार स्वामी विवेकानंद अपने प्रवचन में ईश्वर के नाम की महत्ता बता रहे थे। उनके इर्द-गिर्द अनेक भक्तजन विराजमान थे। सभी ध्यान से प्रेमपूर्वक उनकी बातों को सुन रहे थे। तभी एक व्यक्ति बोला, "स्वामीजी, आप बार-बार कह रहे हैं कि ईश्वर सर्वशक्तिमान है। हमें अच्छे और कर्णप्रिय शब्द लोगों से बोलने चाहिए। ऐसे शब्द साक्षात् ईश्वर तक पहुँचते हैं और व्यक्ति के अंतर्मन को सुख व शांति प्रदान करते हैं। भला आप जरा यह तो बताएँ कि शब्दों में क्या रखा है, यदि हम अच्छे शब्द

नहीं बोलेंगे तो क्या ईश्वर नाराज हो जाएँगे ?" उस व्यक्ति की बात सुनकर स्वामीजी बोले, "ईश्वर तो दूर की बात है। अपशब्दों के प्रयोग से तो व्यक्ति भी नाराज हो जाता है।" वह व्यक्ति बोला, "मैं इस बात को नहीं मानता। भला शब्दों का जीवन में क्या महत्त्व है ?" इस पर स्वामीजी उस व्यक्ति को बोले, "आप अत्यंत मूर्ख, जाहिल, गँवार और बेवकूफ व्यक्ति हैं। आपसे बड़ा मूढ़ व्यक्ति शायद ही इस पृथ्वी पर हो। आपको तो किसी भी काम की समझ ही नहीं है। आपका जीवन व्यर्थ है।" स्वामीजी के मुँह से ऐसे शब्द सुनकर वह व्यक्ति उन्हें हैरानी से देखते हुए बोला, "आप स्वयं को स्वामी कहते हैं और ऐसे शब्दों का प्रयोग करते हैं। आखिर आपने मुझमें ऐसी क्या कमी देखी है, जो मेरे लिए ऐसे शब्दों का प्रयोग कर रहे हैं।" स्वामीजी बोले, "मैंने तो सिर्फ तुम्हारे प्रश्न का जवाब दिया है। तुम कह रहे थे कि शब्दों में भला क्या रखा है ? फिर मेरे द्वारा प्रयोग किए गए शब्दों से तुम्हें इतना आघात क्यों पहुँचा ?" स्वामीजी का जवाब सुनकर वह व्यक्ति दंग रह गया और उसने स्वामीजी से क्षमा माँगी। वह बोला, "स्वामीजी, आप सही कहते हैं। शब्दों का बहुत महत्त्व है।" उस व्यक्ति की बात सुनकर स्वामीजी बोले, "इसलिए बिना सोचे-समझे कुछ नहीं बोलना चाहिए। कई बार बिना सोचे-समझे बोले गए शब्द व्यक्ति की दशा और दिशा बदल देते हैं। इसके विपरीत सोच-समझकर बोले गए शब्दों के माध्यम से व्यक्ति संतुलित रहता है और प्रसन्नतापूर्वक अपना जीवनयापन करता है।"

शब्दों की शक्ति का आभास इस बात से लगाया जा सकता है कि बड़े-से-बड़े युद्धों का कारण गलत शब्दों का प्रयोग बना है। द्रौपदी ने दुर्योधन को 'अंधे का बेटा अंधा' कहकर पुकारा था। इन शब्दों ने महाभारत की नींव तैयार करने में प्रमुख भूमिका निभाई थी। हृदय से बोले गए शब्द 'मुझे माफ कर दीजिए', 'मुझसे गलती हो गई' और 'धन्यवाद' आज भी कानों में मिस्री घोल देते हैं। ये छोटे से शब्द बड़ी-से-बड़ी लड़ाई व हानि को टालने का दम रखते हैं। सुलेमान कहते हैं, "मधुर शब्द शहद के समान हैं, आत्मा के लिए मधुर और देह के लिए स्वास्थ्यवर्धक।" लोग तो यहाँ तक कहते हैं कि मधुर शब्द बोलनेवाला व्यक्ति मिर्च के व्यापार में भी तरक्की कर लेता है। इसके विपरीत कर्कश शब्द बोलनेवाला व्यक्ति शहद भी नहीं बेच सकता। एक शोध में पाया गया है कि अच्छे शब्द सोचने व बोलनेवाले लोग जल्दी सफल होते हैं। शब्द शक्ति को समाचार-पत्र, पत्रिकाओं व पुस्तकों के माध्यम से बढ़ाया जा सकता है। जीवन में अच्छी शब्द शक्ति अपनाना बहुत कठिन भी नहीं है। रोज प्रयास करिए, सफलता व प्रसन्नता आपकी झोली में आ गिरेंगी।

□

जीवन में व्यवस्था

व्यक्ति की कार्यशैली व व्यवस्था न केवल उसके घर के वातावरण का अपितु आंतरिक व्यक्तित्व तक का उल्लेख कर देती है। कार्य से लेकर विचारों की व्यवस्था जितनी सहज व सरल होगी, जीवन उतना ही अधिक व्यवस्थित होगा। अकसर कई व्यक्तियों के साथ ऐसा होता है कि उन्हें कोई वस्तु समय पर नहीं मिलती, सामान रखकर भूल जाते हैं, बात-बात में चिड़चिड़ाने लगते हैं। इसका प्रमुख कारण उनके जीवन में व्यवस्था का हमेशा अभाव होना है। कई लोग अपने घरों में पुराने समाचार-पत्र, पत्रिकाएँ, न पहनने योग्य वस्त्र, टूटी-फूटी वस्तुओं आदि भर देते हैं। ऐसे में पुराने टूटे-फूटे सामान के साथ नया व काम में आनेवाला सामान भी उनमें मिलकर गुम हो जाता है। अव्यवस्था से व्यक्ति के अंदर चिड़चिड़ाहट, क्रोध एवं तनाव उत्पन्न होता है। विशेषज्ञों का कहना है कि "यदि आपके काम करने के स्थान पर या घर पर वस्तुएँ अस्त-व्यस्त या बेतरतीब पड़ी हैं, तो उन्हें व्यवस्थित कीजिए। इससे आपके जीवन में भी व्यवस्था हो जाएगी।" व्यवस्थित व सुंदर घर और ऑफिस को देखकर व्यक्ति के मन में सुंदर भाव उत्पन्न होते हैं, जो उसे खुशी एवं सुख देते हैं। खुशी के समय सकारात्मक विचारों से शरीर में एंडोर्फिन जैसे रसायन उत्पन्न होते हैं। एंडोर्फिन रसायन स्वास्थ्य तथा आरोग्य की कुंजी है। स्वस्थ रहने पर शांत मन में न्यूरोपैप्टाइट नामक हार्मोन निकलता है। इन हार्मोनों के मोलिक्यूल्स पूरे शरीर की अरबों-खरबों कोशिकाओं के साथ संवाद कर उन्हें उत्साह प्रदान करते हैं। हमारी जीवन शैली व व्यवस्था का स्वास्थ्य से बहुत गहरा संबंध है।

अधिकतर लोग अपनी टेबल पर कागजों का ढेर लगाकर रखते हैं, जबकि उनमें से अधिकतर कागज ऐसे होते हैं, जो रद्दी में डालनेवाले होते हैं। अवांछित कागजों की टेबल पर उपस्थिति व्यक्ति को मानसिक रूप से डरा देती है और उन्हें ऐसा प्रतीत होने लगता है कि उनके पास दुनिया भर का काम है। ऐसे में समय की कमी और चिंता से तनाव व थकान बढ़ जाती है, जिससे व्यक्ति ब्लड प्रेशर, हृदय

रोग और अल्सर जैसे रोगों से ग्रस्त हो जाते हैं। ऐसे रोगियों की जाँच में अकसर उनका चिंता व तनाव से ग्रस्त होना ही पाया जाता है। जो व्यक्ति अपने आसपास और टेबल पर फालतू के कागजात नहीं रखते और अपनी फाइलों व पत्रों को व्यवस्थित तरीके से रखते हैं, वे हमेशा तरोताजा, ऊर्जा और स्फूर्ति से भरपूर रहते हैं। इसके विपरीत जिन व्यक्तियों को अपने कार्य को बाँटना, उसे व्यवस्थित करना नहीं आता, वे काम की अव्यवस्था के चलते तनाव का शिकार होकर हृदय रोग से ग्रस्त हो जाते हैं। कार्य की अव्यवस्था के कारण चिंता व भय से कइयों की असामयिक मृत्यु तक हो जाती है। कार्य की सुव्यवस्था से व्यक्ति अपने जीवन में अनेक कार्य करके बड़ी सफलता पा सकता है। जॉर्ज बर्नार्ड शॉ अपने हर कार्य को व्यवस्थित तरीके से करते थे। वह एक बैंक में मामूली कैशियर थे, लेकिन कार्य की व्यवस्था की अच्छी आदत के कारण उन्होंने लेखन के लिए भी पर्याप्त समय निकाला और विश्व के प्रख्यात लेखक बनकर लोगों के सामने उभरे। कार्य की समुचित व्यवस्था, सम्यक् वितरण और सम्यक् निरीक्षण व्यक्ति को अनेक बीमारियों से बचाकर उसके जीवन को संतुष्ट व खुशहाल बना सकते हैं।

जीवन में कार्य की यह व्यवस्था बाहरी एवं आंतरिक दो रूपों में होती है। बाहरी व्यवस्था प्रत्यक्ष रूप से होती है, जैसे कि वातावरण को स्वच्छ बनाकर रखना, व्यर्थ की वस्तुओं को अपने घर व कामकाज के स्थल से दूर रखना, जरूरत की वस्तुओं को उनके स्थान पर रखना आदि। आंतरिक व्यवस्था मन की होती है। व्यक्ति के विचार जितने अधिक स्वस्थ, व्यावहारिक एवं सद्भावों से भरे हुए होंगे, उसका स्वास्थ्य एवं जीवन उतना ही अधिक व्यवस्थित होगा। आंतरिक व्यवस्था को व्यवस्थित रखने के लिए यह अत्यंत अनिवार्य है कि मन से खरपतवार की भाँति फैले हुए काम, क्रोध, लोभ, ईर्ष्या एवं नकारात्मक विचारों को उखाड़ फेंकें। खरपतवार जिस प्रकार व्यर्थ ही स्थान घेरती है, उसी प्रकार नकारात्मक विचार मन को दूषित और अव्यवस्थित कर देते हैं। निर्मल मन में सकारात्मक विचार बाहरी एवं आंतरिक व्यक्तित्व को निखार देते हैं।

अंग्रेजी के प्रख्यात कवि पॉप का भी मानना है, "व्यवस्था ईश्वर का प्रथम नियम है।" इसलिए अपने घर या आसपास की बिगड़ी हुई चीजों को सँवारें। यदि आप अपने घर व आसपास को व्यवस्थित कर देंगे तो आपके मन के विचार भी व्यवस्थित हो जाएँगे। असंख्य नकारात्मक विचार अव्यवस्थित वस्तुओं के कारण भी उत्पन्न होते हैं। वास्तुशास्त्र व फेंगशुई जैसी विधियाँ घर व वातावरण को व्यवस्थित रखने का ही वैज्ञानिक रूप हैं। आप आज से ही पेन को पेन स्टैंड में,

पुस्तकों को उनके निश्चित स्थान पर, जूते-चप्पल शू-रैक में, महत्त्वपूर्ण दस्तावेज उचित फाइलों में और प्रयोग में आनेवाले वस्त्रों को अलमारी में रखिए। आपको स्वयं लगेगा कि घर बेहद व्यवस्थित और मन सुंदर विचारों से भर गया है। इसके साथ आज ही अपने मन से ईर्ष्या, क्रोध एवं लोभ जैसे शत्रुओं को निकालने का प्रयास करें। नकारात्मक विचार अनेक अवांछित बातों को जन्म देते हैं, जो बेवजह कलह व द्वेष का कारण बनते हैं। काले बादलों की भाँति मन में बैठे नकारात्मक विचारों को छँटने दें। इन बादलों के छँटने के बाद आपके मन का आसमान साफ हो जाएगा। इस तरह सूर्य की रोशनी से आपका तन-मन आलोकित हो उठेगा, जो आपको जीवन में नई सफलता और सुंदर विश्व का निर्माण करने के लिए प्रेरित करेगा।

□

नृत्य चिकित्सा का चमत्कार

नृत्य आदिकाल से अधिकांश संस्कृतियों का महत्त्वपूर्ण अंग रहा है। यह कल्पनाओं और आशाओं के तालमेल से जन्म लेता है। नृत्य चिकित्सा के रूप में तथा एक-दूसरे से आध्यत्मिक और अलौकिक रूप से जुड़ने का सेतु है। यह एक ऐसी शब्दहीन कला है, जिसे हर कोई कर सकता है। नृत्य की कोई भाषा नहीं होती। हाँ, यह जीवन को गति अवश्य देता है। इसे चिकित्सा के रूप में अपनाकर अनेक भयंकर बीमारियों पर काबू पाया जा सकता है। शरीर और दिमाग के सही तालमेल को नृत्य चिकित्सा का आधार बनाया जाता है। इस चिकित्सा के अंतर्गत रोगी को नृत्य के माध्यम से खुलकर भावनाओं का इजहार करने के लिए प्रोत्साहित किया जाता है। जब रोगी नाचता है तो चिकित्सक उसकी भावनाओं, विचारों और कल्पनाओं के साथ जुड़ता है। इस दौरान स्वयं रोगी को भी यह महसूस होता है कि जैसे नृत्य के माध्यम से उसका सारा तनाव बाहर आ रहा है और शरीर में ऊर्जा एवं स्फूर्ति का संचार हो रहा है। इस दौरान रोगी को अपनी मांसपेशियों में भी आराम महसूस होता है। जेम्स ब्राउन तो इस बारे में कहते हैं, "नृत्य हमारी खोई ऊर्जा को लौटाकर नए जीवन की ओर ले जाता है।" जब व्यक्ति गहरे तनाव और चिंता का शिकार हो जाए तो ऐसे समय में उसे नृत्य करने के लिए प्रेरित करना चाहिए। नृत्य करते समय चेहरे के भावों और अंगों की गति से व्यक्ति के मन से तनाव दूर हो जाता है और उसे अपने अंदर स्फूर्ति एवं ऊर्जा का संचार महसूस होता है।

कई बार व्यक्ति के स्वस्थ जीवन में अचानक दुर्घटनाएँ उसके जीवन को तहस-नहस कर देती हैं। तब उसे लगने लगता है कि अब जीवन में कुछ बाकी नहीं रहा। ऐसे समय में यदि नृत्य को जीवन का अंग बना लिया जाए तो जीवन फिर से पटरी पर आने लगता है। प्रसिद्ध अभिनेत्री, नृत्यांगना सुधा चंद्रन एवं हाल ही में 'झलक दिखला जा' में अपनी प्रतिभा से चकित कर देने वाली सुभरीत कौर इसका सशक्त उदाहरण हैं। सुधा चंद्रन को मात्र सत्रह वर्ष की आयु में एक दुर्घटना में अपना पैर गँवाना पड़ा था। कुछ दिनों तक वह बिस्तर पर पड़ी रहीं। उन्हें अपना जीवन

अंधकारमय लगने लगा था। वे बचपन से ही नृत्य की शैलियों पर थिरकती थीं और लोगों को चकित कर देती थीं। पैर कटने के बाद उन्हें अपना जीवन अंधकारमय लगने लगा था। कुछ समय संघर्ष करने के बाद उन्होंने नृत्य चिकित्सा के माध्यम से अपना जीवन सँवारने की सोची। सुधा चंद्रन ने कटे हुए पैर के साथ नृत्य करने की शुरुआत की और अपनी नृत्य कला से सभी को दंग कर दिया। इसी तरह सुभरीत कौर का 21 अक्तूबर, 2009 को स्कूटी से आते समय एक्सीडेंट हो गया और उन्हें भी अपना एक पैर गँवाना पड़ा। सुभरीत कौर भी कुछ समय तक तो अपनी सुध-बुध खो बैठीं, लेकिन फिर उन्हें लगा कि उन्हें अपनी पहचान अब एक पैर के बल पर ही बनानी है और उन्होंने एक पैर पर नृत्य करना आरंभ कर दिया। आज सुभरीत कौर एक जाना-पहचाना नाम बन चुकी हैं। नृत्य चिकित्सा के माध्यम से इन्होंने न सिर्फ अपने दुःख को कम किया, बल्कि सफलता के नए मापदंड भी स्थापित किए हैं। सुधा चंद्रन एवं सुभरीत कौर ने एक पैर के बल पर नृत्य कौशल को नृत्य चिकित्सा में परिवर्तित कर अपने लिए जीने के नए आयाम प्रतिस्थापित किए हैं।

नृत्य में शरीर के सभी अंग काम करते हैं, जिससे दिमाग परेशानीवाले स्थान से हटकर नृत्य की मुद्राओं की ओर लग जाता है। इसी दौरान व्यक्ति को यह भी महसूस होता है कि उसकी परेशानियाँ दूर हो गई हैं और वह स्वयं को अत्यंत हलका महसूस कर रहा है। डब्ल्यू. एच. आउडेन का मानना है, "विश्व की कोई भी समस्या नृत्य से सुलझाई जा सकती है।" नृत्य चिकित्सा एक प्रकार का व्यायाम है, जिसको करने से काम करने की शक्ति बढ़ जाती है। दिमागी काम करनेवालों के लिए नृत्य टॉनिक का काम करता है। चिकित्सकों का कहना है कि नृत्य करने से शरीर में शुद्ध रक्त बनता है और साँस से ज्यादा कार्बन डाइऑक्साइड बाहर निकलती है। नृत्य करते समय पसीना आने से शरीर के कीटाणु बाहर निकल जाते हैं। इस प्रकार नृत्य चिकित्सा तनाव, परेशानी, क्रोध और व्याकुलता को दूर कर एकाग्रता बढ़ाती है। नृत्य से आत्मविश्वास बढ़ता है। नृत्य चिकित्सा के माध्यम से कैंसर, डिप्रेशन, अनिद्रा आदि बीमारियाँ दूर होती हैं और जीवन को एक नई गति मिलती है। जब व्यक्ति को लगने लगे कि हर ओर से द्वार बंद हो गए हैं, जीने का कोई सहारा नहीं बचा है, उस समय एक बार नृत्य चिकित्सा का प्रयोग किया जाए तो उसके लिए सारे द्वार खुल जाते हैं और जीने के कई सहारे बन जाते हैं।

□

कार्य को अपनेपन की भावना से करें

किसी भी कार्य में अपनत्व की भावना व नजदीकियों की अनुभूति उस कार्य को शत-प्रतिशत सफल बनाने में सहायक सिद्ध होती है। आप किसी संस्थान में कार्यरत हों, अपना व्यापार कर रहे हों अथवा शिक्षा के क्षेत्र में लगे हों, जब तक आप वहाँ पर पूरी निष्ठा, समर्पण और लगन से काम नहीं करेंगे, तब तक मनचाही कामयाबी व सफलता आपको नहीं मिलेगी। जिंदगी में सफलता व कामयाबी पाने के लिए कार्य में उसी तरह अपनापन होना चाहिए, जिस तरह नजदीकी रिश्तों में अपनापन होता है। कोई भी देश तभी विकास एवं प्रगति की ओर अग्रसर होता है, जब वहाँ का राजा अपनेपन के साथ प्रजा के साथ अपनेपन की भावना कायम करता है।

हसन ने एक साधारण परिवार में जन्म लिया था। उनके परिवार के पास जीविका के लिए पर्याप्त साधन नहीं थे, किंतु तब भी वे जीवन से हार न मान अपने बच्चों को अच्छी शिक्षा देते थे। बालक हसन पर अपने परिवार के लोगों के उच्च संस्कारों व आदर्शों का बड़ा प्रभाव पड़ा। वे बचपन से ही ऐसे माहौल में अपनी सादगी व सेवा भावना से सबके आकर्षण का केंद्र बनते गए। धीरे-धीरे उनकी ख्याति हर जगह फैल गई। अपने सद्गुणों के बल पर एक दिन वह एक देश के बादशाह भी बन गए। बादशाह बनने के बाद भी वे वैसे ही रहे, जैसे बादशाह बनने से पहले थे। लोग उनके मुरीद हो गए। एक विश्व यात्री ने उनका बहुत नाम सुना तो वह भी ऐसे व्यक्ति से मिलने को आतुर हो उठा और उन्हें ढूँढ़ता-ढूँढ़ता उनके पास पहुँचा। उनसे मिलकर पहले उसने औपचारिक बातें कीं। फिर कुछ देर बाद वह बोला, "जनाब, मैं आपसे एक प्रश्न करना चाहता हूँ। यदि आपकी आज्ञा हो तो करूँ?" बादशाह हसन के स्वीकृति देने पर वह बोला, "जनाब, आप न तो किसी बादशाह के पुत्र हैं, न आपके पास सेना और दौलत है, फिर आप इतने बड़े मुल्क के बादशाह कैसे बन गए?" विश्व यात्री का प्रश्न सुनकर बादशाह हसन मुसकराने लगे और फिर यात्री से बोले, "भाई, मैंने जनता की

नि:स्वार्थ सेवा की है। जनता के हितों के लिए हमेशा सेवा करता रहा हूँ। इससे जहाँ पूरे देश में मेरी ख्याति बढ़ी है, वहीं सभी नागरिक मेरे मित्र बन गए हैं। कोई भी मेरा दुश्मन नहीं है। मैंने हर काम को पूरे अपनेपन के साथ करने का प्रयास किया है। जिस तरह मैं अपने शरीर एवं घर की पूरे अपनेपन के साथ देखभाल करता हूँ, उसी तरह राजकाज के कार्य को भी पूरे अपनेपन एवं समर्पण के साथ करता हूँ। बस एक अपनेपन की भावना ने ही मुझे इस जीवन में सारी सुविधाएँ एवं सुख प्रदान किए हैं।"

विश्व यात्री बादशाह हसन के प्रश्न का सटीक जवाब पाकर हैरान रह गया, फिर उनके सामने नतमस्तक होते हुए बोला, "जनाब, आपका फरमाना सही है। निश्चित रूप से बड़ा मानव बनने के लिए उच्च घराना, दौलत, सेना होना जरूरी नहीं है, बल्कि मानवीय गुणों से विभूषित होना जरूरी है। हर व्यक्ति के साथ अपनेपन की भावना कायम करना जरूरी है। आप इसका मर्म समझे, तभी आप यहाँ तक पहुँचे।" इसके बाद वह बादशाह हसन के जवाब से संतुष्ट होकर वहाँ से चला गया।

रिश्तों में अपनेपन की भावना की खातिर ही व्यक्ति एक-दूसरे पर मर-मिटने तक को तैयार हो जाते हैं। बारबरा डी. एंजेलो भी मानती हैं, "जब आप किसी संबंध के लिए प्रतिबद्ध होते हैं तो आप उसमें अपना ध्यान और ऊर्जा ज्यादा गूढ़ता से लगाते हैं, क्योंकि उस संबंध में आपको अपनेपन का अहसास होता है।" एक माँ के अंदर प्रारंभ से ही अपने बच्चे के प्रति बेहद अपनेपन की भावना कायम हो जाती है। उसे अपना बच्चा सारी दुनिया से प्रिय व सुंदर लगता है। इसी तरह संस्थान, व्यापार व कार्यालय में कार्य करते समय आप अपने अंदर माँ व बच्चे जैसी ही अपनेपन की भावना को बनाने का प्रयास करें, क्योंकि संस्थान, व्यापार व कार्यालय में किए गए कार्य ही आपको आगे बढ़ाएँगे और ऊँचाइयों तक ले जाएँगे। एन.आर.नारायण मूर्ति कहते हैं, "आप अपने नाम के कारण अलंकृत नहीं होते, आप अलंकृत होते हैं अपने संस्थान को सितारों-सी महत्ता प्रदान करने से।" साहित्य, खेल, मनोरंजन, राजनीति अथवा किसी अन्य क्षेत्र में इनसान तभी सफलता हासिल करता है, जब वह उसमें अपना तन-मन झोंककर पूरे अपनेपन के साथ कार्य करने में लग जाता है।" खेल जगत् से सचिन तेंदुलकर व मनोरंजन की दुनिया से अमिताभ बच्चन इसका सर्वश्रेष्ठ उदाहरण हैं। इसलिए प्रयास करें कि जिस जीविका से आप जुड़े हुए हैं, उसे एक बोझ न मानें, बल्कि उसमें संतान की भाँति अपनत्व की

भावना कायम करते हुए काम करें। आपको कार्य करते समय एक दास का नहीं, बल्कि स्वामी का अहसास होना चाहिए, क्योंकि स्वामी अपनेपन के भाव से काम करता है, जबकि दास एक बोझ व भय के कारण। स्वामी विवेकानंद का भी यही कहना है, "तुम्हें एक स्वामी के समान कार्य करना चाहिए, न कि एक दास की तरह।" स्वामित्व व अपनत्व की भावना ही कार्यक्षेत्र में सफलता व प्रसिद्धि का मूलमंत्र है।

□

जिंदगी के उतार-चढ़ाव

जिंदगी के उतार-चढ़ाव उस दिमागी खेल की तरह हैं, जिसमें कभी हार होती है तो कभी जीत। यदि हम खेल को कुशलतापूर्वक और ध्यान से खेलते हैं तो विजय मिलती है और ध्यान चूकने पर हार का सामना करना पड़ता है। जिंदगी में ध्यान से चलने पर कभी-कभी प्राकृतिक आपदाएँ व विपत्तियाँ भी व्यक्ति को अंदर से परेशान कर देती हैं। परेशानियों व विपत्तियों का आगमन व्यक्ति को हताश कर देता है और उसके जीवन में अंधकार भर देता है। कई बार जीवन में आनेवाली परिस्थितियों और उतार-चढ़ाव से लोग हिम्मत हारकर गलत मार्ग की ओर अग्रसर हो जाते हैं या आत्महत्या जैसा घृणित रुख अपना लेते हैं। जिंदगी में कोई भी परेशानी या समस्या ऐसी नहीं होती, जिसका कोई हल न हो। व्यक्ति यदि सूझबूझ से काम ले तो वह कठिन परिस्थितियों से जूझकर उन्हें मात देकर स्वयं को शिखर पर स्थापित कर सकता है।

एक नौजवान बहुत निर्धन था, उसके घर में दो वक्त का खाना भी मुश्किल से बन पाता था, लेकिन वह विपरीत परिस्थितियों में हार मान हिम्मत खोनेवालों में नहीं था। वह कुछ-न-कुछ नवीन करता रहता था। उसे विश्वास था कि वह अपने संकल्प, बुद्धि व आत्मबल से सबकुछ पा सकता है। उसे पढ़ने का शौक था, एक दिन उसने किसी पुस्तक में पढ़ा कि जिंदगी के उतार-चढ़ाव का साहस एवं धैर्य से सामना करके सफलता पाना बेहद सरल है। बस इस बात को नौजवान ने गाँठ बाँध लिया। नौजवान को तरह-तरह की पुस्तकें पढ़ना पसंद था, किंतु निर्धन होने के कारण वह पुस्तकें खरीदने में असमर्थ था। उसे जब भी यह पता चलता था कि किसी व्यक्ति के पास पुस्तक है तो वह तुरंत उसके पास पहुँच जाता था और उसका काम करने के बदले पुस्तक पढ़ने का अधिकार प्राप्त कर लेता था। एक बार उसे पता चला कि नदी के दूसरी ओर ओगमोन नामक गाँव में एक अवकाश प्राप्त न्यायाधीश रहते हैं, जिनके पास कानून की पुस्तकों का अच्छा संग्रह है। इसलिए वह नौजवान कड़ाके की सर्दी के दिनों में उस बर्फीली नदी में नाव में बैठ गया।

नाव वह स्वयं चला रहा था। उसने आधी नदी तो किसी तरह पार कर ली, किंतु बर्फ का ढेर इतना अधिक था कि नाव एक बर्फ के ढेर से टकराकर चकनाचूर हो गई, लेकिन संकल्प के धनी और साहसी नौजवान ने हार नहीं मानी। उसे हर पल जिंदगी के उतार-चढ़ाववाली बात याद रही। उसने किसी तरह खुद को सँभाला और अनेक मुश्किलों का सामना करते हुए नदी पार कर ली। वह ढूँढ़ते-ढूँढ़ते रिटायर्ड जज के घर जा पहुँचा। जज उन्हें घर में मिल गए। उसने उनसे अपनी पुस्तकें पढ़ने के लिए दिखाने को कहा। उन दिनों जज का नौकर छुट्टी पर गया हुआ था, इसलिए उन्हें अनेक परेशानियों का सामना करना पड़ रहा था। उन्होंने नौजवान को पुस्तकें इस शर्त पर दिखाना मंजूर कर लिया कि वह उनके नौकर के आने तक घर का काम सँभालेगा। नौजवान ने जज की यह बात स्वीकार कर ली। वह दिन भर जज का काम करता। जंगल से लकड़ियाँ काटकर लाता और सारा काम करता। रात को थक-हारकर वह आराम करने के बजाय पुस्तकें लेकर बैठ जाता। जज नौजवान की मेहनत, लगन व दृढ़ संकल्प से बहुत प्रसन्न हुए और उन्होंने उसे काफी सारी पुस्तकें उपहार में दे दीं। इस प्रकार यह नौजवान अपनी इसी मेहनत, संकल्प व लगन के बल पर एक दिन अमेरिका के राष्ट्रपति पद पर विराजमान हुआ। आज पूरा विश्व उस नौजवान को 'अब्राहम लिंकन' के नाम से जानता है। जिंदगी में आनेवाले उतार-चढ़ाव से संघर्ष करके लिंकन ने अपने लक्ष्य को प्राप्त किया और पूरे विश्व को यह बता दिया कि यदि हिम्मत और सूझबूझ से काम लिया जाए तो हर कार्य में सफलता प्राप्त की जा सकती है।

"यकीनन किसी की अपनी योजनाओं और तौर-तरीकों में विश्वास की सच्ची परख तभी होती है, जब उसके सामने क्षितिज अंधकारमय हो।" महात्मा गांधीजी का यही कहना था। इसलिए जीवन में अंधकार से हार नहीं माननी चाहिए और न चिंता में कोई अनुचित कदम उठाना चाहिए। कई बार आवेश में उठाया गया गलत कदम व्यक्ति की पूरी जिंदगी को तहस-नहस कर देता है। जब जीवन ही नहीं रहेगा तो उसमें उतार-चढ़ाव कैसे होंगे? जीवन है, तभी तो विपत्तियाँ प्रवेश करती हैं। इसलिए मुश्किलों व विपत्तियों को जीवन से जोड़कर ही चलना चाहिए। एन. लैंडर्स का कहना है, "मुश्किलों को जीवन का अनिवार्य हिस्सा मानकर चलो और जब कोई मुश्किल आए, तब अपना सिर ऊँचा उठाकर, उसकी आँख-से-आँख मिलाकर कहो—मैं तुमसे ज्यादा ताकतवर हूँ, तुम मुझे नहीं हरा सकतीं।" जिंदगी में हमेशा अच्छा-ही-अच्छा होता रहे तो वह भी व्यक्ति को बोर कर देता है। परिवर्तन प्रकृति का नियम है। जिंदगी के उतार-चढ़ाव भी इस परिवर्तन का

एक हिस्सा हैं। जीवन का एक बहुत बड़ा सत्य है कि व्यक्ति हमेशा एक जैसा नहीं रह सकता, न ही उसके हाव-भाव एक जैसे रहते हैं। समय आने पर चेहरे के साथ-साथ हाव-भाव व भंगिमाओं में भी उतार-चढ़ाव आ जाते हैं। जब हम इतना बड़ा सत्य जानते हैं तो फिर बाधाओं और परेशानियों को जीवन का अंग मानकर क्यों नहीं चल सकते? यदि बाधाओं और परेशानियों को मन और मस्तिष्क से स्वीकार कर लिया जाए तो जीवन के उतार-चढ़ाव व दुःख भी एक अद्‌भुत आनंद प्रदान करते हैं। राल्फ वाल्डो इमर्सन जीवन के बारे में कहते हैं, "कभी न गिरने में हमारा महान् गौरव नहीं है, बल्कि वह तो हर बार जब भी हम गिरें, तब ऊपर उठने में है।" यही उतार-चढ़ाव व्यक्ति को शिखर पर ले जाते हैं और उसे एक नई पहचान देते हैं।

□

उम्र एक संपत्ति

जिस तरह धन, भवन, मकान आदि की गणना संपत्ति में की जाती है, उसी तरह व्यक्ति की बढ़ती उम्र भी एक कीमती संपत्ति है। बढ़ती उम्र का सदस्य एक परिवार व संगठन के लिए बेहद मूल्यवान है, क्योंकि उसने कई बरसों तक स्वर्णिम नियम के सिद्धांतों, प्रेम और सद्भाव के नियमों का अभ्यास अपनी कीमती उम्र गँवाकर किया है। बड़ी आयु के व्यक्ति की भावनाएँ और आध्यात्मिक परिपक्वता किसी भी परिवार या संस्थान के लिए एक वरदान है। यह अत्यंत दु:खद बात है कि आज वृद्धों के साथ-साथ उनसे जुड़े युवा उन्हें एक बोझ समझते हैं। बूढ़े व्यक्ति भी पैंसठ वर्ष की आयु के बाद जिंदगी जीने के बजाय बेमन से अपने बाकी के दिन गिनने बैठ जाते हैं। जॉब कहते हैं, "आप बूढ़े तब होते हैं, जब आप जीवन में दिलचस्पी खो देते हैं, सपने देखना छोड़ देते हैं।" जब तक व्यक्ति का मस्तिष्क नए विचारों और रुचियों के लिए खुला होता है, जब तक व्यक्ति जीवन तथा ब्रह्मांड की सच्चाइयों की प्रेरणा को ग्रहण करता है, तब तक वह युवा और स्फूर्तिवान बना रहता है।" अकसर बढ़ती आयु के व्यक्ति यह भूल जाते हैं कि आयु उनकी एक कीमती संपत्ति है। इस कीमती संपत्ति के द्वारा वे अपने आगे के जीवन को न सिर्फ सुंदर बना सकते हैं, बल्कि विश्व को अपने अनुभवों और रुचि के अनुरूप महान् कलाकृतियाँ व वस्तुएँ भी दे सकते हैं। शीर्षस्थ हार्ट सर्जन माइकल डेबेकी ने खून का पहला रोलर पंप 1932 में ईजाद किया था। नब्बे साल की उम्र में डॉ. डेबेकी को एक नए आविष्कार पर प्रयोग करने की अनुमति मिली। इन नब्बे सालों के दौरान उन्होंने पल-पल जोड़ी गई उम्र की संपत्ति से अनेक ऐसे आविष्कार खोजे, जो व्यक्ति की बीमारी में कारगर सिद्ध हुए। नब्बे साल में उन्होंने एक ऐसे छोटे पंप का आविष्कार किया, जो गंभीर हृदय रोगियों के सीने में लगाया जा सकता था। डेबेकी का बढ़ती उम्र के बारे में कहना था, "जब तक आपके सामने चुनौतियाँ हैं और आप शारीरिक तथा मानसिक रूप से सक्षम हैं, तब तक जीवन रोमांचक और स्फूर्तिवान है।"

यूनानी दार्शनिक सुकरात ने अनेक लोगों को अपने दर्शन ज्ञान से सही राह दिखाई। उन्होंने स्वयं अस्सी साल की आयु में वाद्ययंत्र बजाना सीखा। माइकल एंजेलो ने अस्सी साल की उम्र में सबसे महान् कैनवास पर पेंटिंग की। अस्सी साल की उम्र में सियोस सायमनाइड्स ने कविता का पुरस्कार जीता। लियोपॉल्ड वॉन रैंके ने अच्छी-खासी उम्र का अनुभव लेकर अपनी 'हिस्टरी ऑफ दी वर्ल्ड' शुरू की और उसे बानवे साल की उम्र में पूरा किया। सर आइजक न्यूटन पिचासी साल की उम्र में भी नई-नई खोजों में लगे रहते थे। फ्रांस की ज्याँ लुई कैलमेंट अपने एक सौ अठारहवें जन्मदिवस पर इतिहास की सबसे अधिक उम्र की जीवित व्यक्ति बन गईं। जब उनसे उनकी लंबी उम्र का राज पूछा गया तो वे मुसकराकर बोलीं, "मैंने हर मौके पर आनंद लिया। मैं बहुत खुशकिस्मत हूँ कि उम्र को मैंने अपनी कीमती संपत्ति माना और मैं विश्व की सबसे उम्रदराज महिला बन गई।"

अनेक उम्रदराज हस्तियों का भी यही मानना था कि बढ़ती उम्र ने उन्हें जीवन के नए अनुभव दिए, जिसका आनंद इन्होंने अपने अंत समय तक उठाया।

घर के परिजन बड़ी उम्र के सदस्यों से बचने का प्रयास करते हैं, उन पर ध्यान नहीं देते हैं। इस कारण वृद्धजनों में चिड़चिड़ापन, अधीरता, बेचैनी एवं पश्चाताप के भाव उमड़ने लगते हैं, जो उन्हें अनेक बीमारियों से ग्रसित कर देते हैं। बीमारियाँ शरीर को अपना शिकार तभी बनाती हैं, जब व्यक्ति के अंदर तनाव के बीज उत्पन्न होने लगते हैं। यदि घर के युवा सदस्यों द्वारा वृद्धजनों का मुसकराकर खुशी एवं आनंद के साथ स्वागत किया जाए, उनकी एक लंबी उम्र से कुछ सीखा जाए, उन्हें संपत्ति की तरह सहेजकर रखा जाए तो हर वृद्धजन का अंत समय सुंदर और प्रेरणादायक हो सकता है। बुढ़ापे में व्यक्ति उच्चतम दृष्टिकोण से जीवन की सच्चाइयों और गहराइयों पर मनन करता है, उनसे अपने इर्द-गिर्द के लोगों को अवगत कराता है। ऐसा करने से उन लोगों का जीवन वृद्धजनों के अनुभव एवं सहयोग से नई राह पाता है, जो गलत मार्ग की तरफ बढ़ रहे होते हैं। उम्र बढ़ने के साथ व्यक्ति की तार्किक शक्ति अधिक पैनी हो जाती है। अपने जीवन के अनेक वर्षों में वृद्धजनों ने अनेक ठोकरें खाई होती हैं। ये ठोकरें उम्र के इस पड़ाव पर उनकी सीढ़ी बन जाती हैं, जो अनेक युवा लोगों को न सिर्फ गिरने से बचाती हैं बल्कि उन्हें उनके लक्ष्य तक पहुँचने में सहायता भी करती हैं। जीवन व्यक्ति को सिर्फ एक बार मिलता है। ऐसे में किसी भी उम्र के पड़ाव पर उसे बोझ समझकर घसीटना नहीं चाहिए, बल्कि एक-एक पल को आनंद से जीना चाहिए। वृद्धावस्था जीवन का एक अनिवार्य अंग है, जिसका सामना हम सभी को करना है। हमारी

आनेवाली वृद्धावस्था तभी सुंदर होगी, जब हम अपने वृद्धजनों का सम्मान करेंगे, उन्हें उनका उचित स्थान देंगे और उनको अपनी एक खास संपत्ति मानेंगे। बच्चों को बचपन से ही वृद्धजनों के प्रति सम्मान करना सिखाना चाहिए। उन्हें वृद्धजनों का आदर करना सिखाना चाहिए। उन्हें यह बताना चाहिए कि वृद्धावस्था जीवन का एक अहम हिस्सा है, बिल्कुल उसी तरह, जिस तरह बचपन।

वरिष्ठ नागरिकों व घर के वृद्धजनों को हमेशा उच्च पद पर रखना चाहिए, क्योंकि इन्हीं के द्वारा स्वर्ग के फूलों को धरती पर लाने का अवसर मिल सकता है।

□

क्षमा करने से जीवन सुखी बन जाता है

प्रसिद्ध कवि रहीम ने कहा था, "क्षमा बड़न को चाहिए, छोटन को उत्पात।' इसमें बहुत गहरा सार छिपा हुआ है। हमेशा क्षमा को वीरों व बड़ों से ही जोड़ा जाता है, निर्बल व छोटों से नहीं। छोटे व निर्बल क्षमा क्यों नहीं कर सकते? ईश्वर ने सभी व्यक्तियों को एक समान व क्षमा करने लायक बनाया है। क्षमा प्रत्येक व्यक्ति कर सकता है, सिर्फ उसके लिए अपने चित्त को शांत व आंतरिक शक्तियों को एकाग्र करने की आवश्यकता होती है। ऐसा नहीं है कि निर्बल व छोटे व्यक्ति अशक्त होते हैं। हर बुरे इनसान में भी अच्छाई के दर्शन हो जाते हैं। पवित्र बाइबल में कहा गया है, "क्षमादान आपकी इच्छाशक्ति का फैसला है। चूँकि ईश्वर ने हमें क्षमा करने लायक बनाया है, तो हमें भी क्षमा करने का प्रबुद्ध निर्णय लेना अपनी आदत बनाना चाहिए। किसी को क्षमा करने का गुण हमें अप्रिय अतीत से मुक्त करता है।" जब भी कोई व्यक्ति किसी को क्षमा करता है तो दूसरे व्यक्ति के मन में क्षमा करनेवाले व्यक्ति के प्रति आदरभाव बढ़ जाता है। क्षमा वह है, जो अप्रिय घटना, दुर्घटना और नुकसान को भुलाकर व्यक्ति को तनावमुक्त कर देती है। तनाव व चिंता मुक्ति का नवीन व सबसे अच्छा उपाय क्षमादान है। व्यक्तियों के बीमार, चिंतित व परेशान रहने का कारण है; दूसरों के द्वारा दी गई चोट व प्रतिशोध की भावना। यह भावना व्यक्ति को अशक्त, बीमार व चिंतित कर देती है और इसी भावना के चलते अधिकतर लोग असमय ही मौत की गोद में चले जाते हैं। इन सबसे बचा जा सकता है, यदि व्यक्ति केवल क्षमा करने की पहल कर दे।

तनाव संबंधी विकारों के विशेषज्ञ कहते हैं कि दुर्व्यवहार के शिकार, धोखा खा चुके या आहत लोग अकसर प्रतिक्रिया करते हुए द्वेष और ईर्ष्या पाल लेते हैं। यही प्रतिक्रिया उनके अवचेतन मन में गहरे घाव उत्पन्न कर देती है, जो उन्हें न सिर्फ लगातार टीस देते रहते हैं, बल्कि उनके जीवन में भी अनेक मुश्किलें खड़ी कर देते हैं। ऐसे में व्यक्ति अपने लक्ष्य से भटक जाता है और उलटे-सीधे कार्य करने लगता

है। इन सब विपरीत परिस्थितियों को पराजित करने का केवल एक ही हल है और वह है सच्चे हृदय से दोषी लोगों को क्षमा करना। यह ऊपरी सोच है कि व्यक्ति दोषी को क्षमा करता है, जबकि सच्चाई तो यह है कि क्षमा करते समय व्यक्ति स्वयं अपने लिए नए और अच्छे रास्ते खोजता है।

मनोवैज्ञानिकों का कहना है कि बदला लेने की भावना भी एक बीमारी है और यह भावना जिन लोगों में अधिक होती है, उनकी हृदय गति बढ़ जाती है, ब्लड प्रेशर बढ़ जाता है। एनर्जी हार्मोंस एड्रोनलीन व नोरएड्रोनलीन के स्तर में वृद्धि हो जाती है। कई बार यह भावना इतनी बलवती हो जाती है कि व्यक्ति क्रोध में आकर जोर-जोर से बोलने लगता है। इसका असर सीधा शरीर के अंगों पर पड़ता है, जिससे अचानक हृदय गति रुक जाने से या दिमाग की नस फट जाने से मृत्यु तक हो जाती है। प्रतिशोध लेना सभ्यता या सफलता की निशानी कतई नहीं है। बदला लेने से व्यक्ति की ऊर्जा खत्म हो जाती है, इस प्रक्रिया में व्यक्ति दूर तक नहीं देख पाता और मस्तिष्क बड़े लक्ष्य से भटक जाता है। सफलता और बदला आपस में मिल ही नहीं सकते। सफलता क्षमा करनेवाले व्यक्ति के पास ही आती है।

क्षमा करने से व्यक्ति को मानसिक शांति और अच्छी सेहत मिलती है। अगर व्यक्ति चाहता है कि उसे अच्छी सेहत, खुशी और सुख प्राप्त हो तो इसके लिए व्यक्ति को हर उस व्यक्ति को क्षमा करना चाहिए, जिसने उसे चोट पहुँचाई है, क्योंकि जब व्यक्ति चोट पहुँचानेवाले व्यक्ति के प्रति मन में नकारात्मक भाव पाल लेता है तो उसका अंतर्मन बीमार हो जाता है, जो उसके अंदर सकारात्मक भाव उत्पन्न नहीं होने देता। जब व्यक्ति दोषी व्यक्ति को क्षमा कर देता है तो उसका हृदय साफ हो जाता है, जिसमें कहीं कोई कालिमा या दाग नहीं रहता।

मनोदैहिक चिकित्सा में भी इस बात पर बल दिया जाता रहा है कि द्वेष, दूसरों की आलोचना, पश्चाताप और शत्रुता कई रोगों के कारण हैं। इनमें आर्थराइटिस, रक्तचाप, हृदय रोग और डिप्रेशन प्रमुख हैं। जब ये रोग व्यक्ति को लग जाते हैं तो उसका जीना दूभर हो जाता है। न ही वह ढंग से खा-पी पाता है और न ही खुलकर हँस पाता है। ऐसे में नकारात्मक भावनाओं से उत्पन्न तनाव सीधे शरीर के प्रतिरोधक तंत्र को प्रभावित करता है, जिससे व्यक्ति संक्रमण और रोग का शिकार हो जाता है।

क्षमा करते समय व्यक्ति की आंतरिक शक्तियाँ अत्यधिक ताकतवर व जागरूक हो जाती हैं और उसके जीवन को नेक बनाती हैं। शोपें भी कहते हैं, "इनसान की आत्मा उस समय सर्वाधिक पवित्र और शक्तिशाली होती है, जब वह किसी से चोट का बदला लेना छोड़कर उसे क्षमा करने की हिम्मत करती है।"

कामयाब व्यक्ति वही होता है, जो दूसरों की गलतियों पर उन्हें सजा देने में ऊर्जा नष्ट करने के बजाय अपनी ऊर्जा का उपयोग लक्ष्य-प्राप्ति हेतु करता है। इनसान से गलतियाँ हो ही जाती हैं, क्योंकि कोई भी व्यक्ति संपूर्ण नहीं होता। अलेक्जेंडर पोप कहते हैं, "गलतियाँ करना इनसानी फितरत है, क्षमा करना ईश्वरीय कृत्य।" इसलिए जीवन के हर कदम पर क्षमादान का दृष्टिकोण अपनाकर कार्य करना चाहिए। यह जीवन का सर्वश्रेष्ठ व सकारात्मक दृष्टिकोण है।

□

एकाग्रता और आत्मविश्वास से उत्पन्न होता है साहस

भयानक जानवर को काबू में करनेवाले, विश्व की ऊँची चोटी पर चढ़नेवाले या युद्ध में हिम्मत से सामना करनेवाले व्यक्ति को अकसर साहसी व्यक्ति कहा जाता है। 'अमेरिका तुरुप का इक्का' के नाम से प्रसिद्ध एडी रिकेनबेकर कहते थे, "जिस काम को करने से डर लगता हो, उसे करना ही साहस की परिभाषा है। जब तक आपको डर नहीं लग रहा हो, तब तक आपमें साहस हो ही नहीं सकता।" एडी रिकेनबेकर ने हर चुनौती का दृढ़ता से सामना किया। वे 1914 में डेटोना में रफ्तार का विश्व कीर्तिमान बनानेवाले कार रेसिंग के हीरो, प्रथम विश्वयुद्ध में जर्मनी के खिलाफ हवाई मुठभेड़ में सबसे ज्यादा जीतें हासिल करनेवाले पायलट और युद्ध मंत्री के विशेष सलाहकार थे। साहस डर का अभाव नहीं है। यह तो उस काम को करना है, जिसे करने से व्यक्ति को डर लगता है। यह जानी-पहचानी चीजों को छोड़ने और नए इलाके में कदम रखने की शक्ति है, जो व्यक्ति के जीवन को अत्यंत खूबसूरत और सफल बना देती है। ब्रिटिश धर्मशास्त्री जॉन हेनरी न्यूमैन कहते थे, "इस बात से मत डरो कि तुम्हारा जीवन खत्म हो जाएगा, बल्कि इस बात से डरो कि यह कभी शुरू ही नहीं हो पाएगा।"

वीर बहादुर का काम शेरों को पालतू बनाना था। वह खतरनाक-से-खतरनाक शेर को भी कुछ ही समय में पालतू बना देता था। एक दिन प्रिंस नामक नवयुवक उसके पास आया। वह जानवरों के हाव-भाव और हरकतों पर रिसर्च कर रहा था। प्रिंस वीर बहादुर से बोला, "सर, मैंने आपका बहुत नाम सुना है। आप खतरनाक शेर को भी पालतू बनाना जानते हैं। क्या आप मुझे यह राज बताएँगे?" प्रिंस की बात पर वीर बहादुर मुसकराते हुए बोला, "उसमें राज जैसा कुछ नहीं है। वैसे तुम बड़े सही मौके पर आए हो। आज ही मुझे एक खतरनाक शेर को पालतू बनाना है। वह शेर कई लोगों को अपना शिकार बना चुका है। यदि तुम्हें डर न लग रहा हो तो

मेरे साथ चलना और वहाँ स्वयं देखना कि मैं उसे कैसे पालतू बनाता हूँ?" प्रिंस भी वीर बहादुर के साथ शेर के पिंजरे में चला गया। प्रिंस ने देखा कि वीर बहादुर ने अपने साथ न ही कोई हथियार लिया और न ही बचाव के लिए कुछ वस्तु, बल्कि अपने साथ एक लकड़ी का स्टूल लिया। यह देखकर वह हैरान हुआ कि भला स्टूल से वीर बहादुर खतरनाक शेर को कैसे काबू कर सकता है? उसकी सोच शेर की भयंकर गर्जना के साथ टूटी। उसने देखा कि जब भी शेर वीर बहादुर की तरफ गरजकर लपकता, तभी वीर बहादुर स्टूल के पायों को शेर की ओर कर देता। शेर स्टूल को देखकर उसके चारों पायों पर अपना ध्यान केंद्रित करने की कोशिश करता और असहाय हो जाता। इसी बीच ध्यान बँटने के कारण कुछ ही देर बाद शेर स्वयं वीर बहादुर की गिरफ्त में आकर पालतू बन गया। वीर बहादुर ने जब उस शेर को पंगु बनाकर पालतू बना लिया तो वह प्रिंस से बोला, "जीवन में भी अकसर ऐसा होता है। एकाग्र व्यक्ति साधारण होने पर भी सफलता पा लेता है, जबकि असाधारण व्यक्ति भी ध्यान बँटने की आदत के कारण इसी खूँखार शेर की भाँति पराजित हो जाता है। साहस एकाग्रता का नाम भी है। जो व्यक्ति एकाग्रचित्त होकर अपने कार्य को निष्ठा से करता है, वह कठिन-से-कठिन बाधा को भी पार कर लेता है।"

अकसर सीमा पर रक्षा करनेवाले फौजी को सभी वीर एवं साहसी की संज्ञा देते हैं। ऐसा नहीं है कि जो व्यक्ति फौजी नहीं हैं, वे साहसी एवं वीर नहीं होते। लेकिन देश की रक्षा में लगे सभी फौजियों को वीर एवं साहसी कहा जाता है। ऐसा इसलिए है, क्योंकि फौजी डर का सामना करने के लिए स्वयं को मानसिक एवं शारीरिक रूप से तैयार कर चुके होते हैं। यदि जीवन में हर व्यक्ति स्वयं को डर से जूझने के लिए तैयार कर ले तो वह स्वयं ही साहसी बन जाता है। साहसी बनने के लिए कुछ खास करने की आवश्यकता नहीं है, बस स्वयं में थोड़ा आत्मविश्वास, एकाग्रता एवं धैर्य बनाए रखने की जरूरत है।

साहस व्यक्ति को न केवल एक अच्छी शुरुआत देता है, बल्कि एक बेहतर भविष्य भी प्रदान करता है। डर के बिना साहस को अनुभव ही नहीं किया जा सकता, बल्कि अधिकतर डर की स्थिति व्यक्ति के अंदर साहसिक मनोभावों को व्यक्त करने में महत्त्वपूर्ण भूमिका निभाती है। वाशिंगटन यूनिवर्सिटी के कॉग्नेटिव न्यूरोसाइंटिस्ट ने अध्ययन में पाया कि डर से उत्पन्न मानवीय संवेदनाएँ बौद्धिक क्षमताओं को बढ़ाने में मदद करती हैं। इन्हीं बौद्धिक क्षमताओं के बल पर व्यक्ति कामयाबी प्राप्त करता है। अकसर परेशानी में व्यक्ति चिंता और भय से जड़ हो जाता है। ऐसे समय में जब व्यक्ति चिंता और परेशानी को सूझबूझ और चतुराई से

हल करता है तो उसके वास्तविक साहस के दर्शन होते हैं। मार्टिन लूथर किंग कहते हैं, "मनुष्य का सबसे बड़ा पैमाना यह नहीं है कि वह आराम और सुविधा के पलों में कहाँ खड़ा रहता है, सबसे बड़ा पैमाना तो यह है कि वह चुनौती और विवाद के समय कहाँ खड़ा रहता है।" इसलिए साहस को बढ़ाने के लिए स्थिति का सामना करें, जिस व्यक्ति से डरते हों, उससे खुलकर बात करें, जिस कार्य को करने में डर लगता हो, उसे करने की शुरुआत करें तो व्यक्ति साहसी बनकर कामयाबी की नई मिसालें कायम कर सकता है।

□

भाग्य का दूसरा नाम है पुरुषार्थ

भाग्य पर लोग अपने-अपने तरीके से विश्वास करते हैं। किसी का भाग्य में अटूट विश्वास है तो किसी का बिल्कुल नहीं। भाग्य संसार में अप्रत्यक्ष है, जिस पर केवल विश्वास किया जा सकता है। विश्वास की धारणा ही इन दोनों के अस्तित्व को पुख्ता करती है। भाग्य में अंधविश्वास जहाँ व्यक्ति को कर्म की ओर बढ़ने से रोकता है, वहीं कर्म और पुरुषार्थ में विश्वास व्यक्ति के मन की शक्ति को एकीकृत कर उसे सद्‌कार्य करने के लिए प्रेरित करते हैं। स्वेट मार्डेन का भी मानना है, "आत्मविश्वास को दृढ़ बनाने के लिए पुरुषार्थ व ईश्वर का अस्तित्व बनाया गया है। एकांत में भी मनुष्य कोई पाप या गलत काम न कर सके, इसी आधार पर ईश्वर को सर्वव्यापी, सर्वद्रष्टा बताया गया है।" पुरुषार्थी मनुष्य मेहनत से नहीं घबराते। वे सभी कठिनाइयों का सामना दृढ़ता से करते हैं। इसी तरह जो व्यक्ति कार्य नहीं करना चाहते, वे भाग्य की आड़ में अपनी कमजोरियों को छिपाते हैं। कार्लाइल का मानना है कि 'कार्य ही ईश्वर है।' यदि आप ईश्वर में विश्वास रखते हैं तो सद्‌कर्म से पुरुषार्थ के मार्ग पर चलें। कठिन कार्य भी स्वयं सरल बनते चले जाएँगे। जिस प्रकार व्यक्ति नेकी, ईमानदारी के बल पर सद्‌कार्य करते हुए सफलता पाकर पुरुषार्थ की संकल्पना को सत्य साबित करता है, उसी प्रकार आलसी व अकर्मण्य लोग भाग्य की संकल्पना को भी सार्थक मानते हैं, जबकि पुरुषार्थ के साथ-साथ भाग्य को मानना सर्वथा अनुचित है। यदि व्यक्ति आगे ही नहीं बढ़ेगा, अपने कार्य के लिए सुदृढ़ नहीं होगा तो निश्चित रूप से वह असफल ही होगा। प्रेमचंद ने 'गोदान' में इस बात को कहा भी है, "जब आदमी का कोई बस नहीं चलता, तो वह अपने को तकदीर पर ही छोड़ देता है।" जवाहरलाल नेहरू भी यही कहते थे, "केवल कर्महीन ही ऐसे हैं, जो भाग्य को कोसते हैं और जिनके पास शिकायतों का बाहुल्य है।"

एक बार दो राज्यों के शासकों के बीच युद्ध की तैयारियाँ चल रही थीं। दोनों ही शासक एक प्रसिद्ध संत के भक्त थे। दोनों ही अपनी विजय का आशीर्वाद माँगने

के लिए अलग-अलग समय पर उनसे आशीर्वाद माँगने के लिए गए। पहले शासक ने उनसे विजय का आशीर्वाद माँगा। शासक की बात पर संत ने कुछ देर ध्यानमग्न होकर आँखें बंद कीं और फिर कुछ देर बाद उसे आशीर्वाद देते हुए बोले, "तुम्हारी विजय निश्चित है।" कुछ समय बाद दूसरा शासक भी यही आशीर्वाद माँगने के लिए उनके पास पहुँचा। उसकी बात पर भी संत ने कुछ देर आँखें बंद कीं और फिर आँखें खोलकर उससे बोले, "तुम्हारी विजय संदिग्ध है।" दूसरा शासक संत की यह बात सुनकर चला आया, किंतु उसने हार नहीं मानी और अपने सेनापति से कहा, "हमें मेहनत और पुरुषार्थ पर विश्वास करना चाहिए। इसलिए हमें जोर-शोर से तैयारी करनी होगी। दिन-रात एक कर युद्ध की बारीकियाँ सीखनी होंगी। अपनी जान तक को झोंकने के लिए तैयार रहना होगा।" इधर पहले शासक की प्रसन्नता का ठिकाना न था। उसकी विजय निश्चित हो चुकी थी, इसलिए उसने अपना सारा ध्यान आमोद-प्रमोद व नृत्य-संगीत में लगा दिया। उसके सैनिक भी रंगरलियाँ मनाने में लग गए। निश्चित दिन युद्ध आरंभ हो गया। जिस शासक को विजय का आशीर्वाद था, उसे कोई चिंता ही न थी। उसके सैनिकों ने भी युद्ध का अभ्यास नहीं किया था। दूसरी ओर जिस शासक की विजय संदिग्ध थी, उसने व उसके सैनिकों ने दिन-रात एक कर युद्ध की अनेक बारीकियाँ जान ली थीं। उन्होंने युद्ध में अपनी इन्हीं बारीकियों का प्रयोग किया और कुछ ही देर बाद पहले शासक की सेना को परास्त कर दिया और विजय हासिल कर ली। यह अप्रत्याशित निर्णय देखकर पहला शासक बौखला गया और उन्हीं संत के पास जाकर कहा, "महाराज, आपकी वाणी में कोई दम नहीं है। आप गलत भविष्यवाणी करते हैं।"

उसकी बात सुनकर संत मुसकराते हुए बोले, "पुत्र, इतना बौखलाने की आवश्यकता नहीं है। तुम्हारी विजय निश्चित थी, किंतु उसके लिए मेहनत और पुरुषार्थ भी तो जरूरी था। भाग्य पुरुषार्थ और कर्म का ही दूसरा नाम है। इसलिए भाग्य हमेशा कर्मरत और पुरुषार्थी मनुष्यों का साथ देता है और उसने दिया भी है, तभी तो दूसरा शासक पुरुषार्थ के बल पर विजय पा गया, जबकि उसकी पराजय निश्चित थी, किंतु पुरुषार्थ का साथ पाकर उसका भाग्य चमक उठा।" संत की बात सुनकर अपराजित शासक लज्जित हो गया और संत से क्षमा माँगकर वापस चला आया। वापस आने के बाद उसने निश्चय किया कि अब वह निरंतर पुरुषार्थ करेगा और कभी भी भाग्य के भरोसे हाथ-पर-हाथ रखकर नहीं बैठेगा।

भाग्य पर पुख्ता धारणा व्यक्ति को कर्म के मार्ग पर आगे बढ़ने से रोकती है। भाग्य की लकीरें यदि हाथ में न भी हों तो पुरुषार्थ से व्यक्ति अपना जीवन उज्ज्वल

कर सकता है। पुरुषार्थी मनुष्य का भाग्य स्वयं ही अच्छा हो जाता है। धीरे-धीरे ही सही, लेकिन व्यक्ति मेहनत से कार्य करता रहे, सद्मार्ग पर चलता रहे; अपने लक्ष्य पर नजर रखे तो उसकी सफलता निश्चित है। जब पुरुषार्थी व्यक्ति सफल हो जाता है तो उसका भाग्य स्वयं अच्छा हो जाता है। आप किस्मत या भाग्य पर विश्वास न रखें और एकाग्रता से नेक कर्म करते हुए चलें तो भाग्य की रेखाएँ स्वयं उज्ज्वल हो उठती हैं, क्योंकि भाग्य पुरुषार्थ का ही दूसरा नाम है।

□

सुंदरता के मापदंड

जिंदगी में अधिकतर लोगों को अपने शारीरिक व्यक्तित्व से शिकायत रहती है। किसी का कद छोटा है, कोई काला है, कोई मोटा है, कोई गंजा है तो किसी के चेहरे पर दाग हैं, जो उसे भद्दा दिखाते हैं। शारीरिक व्यक्तित्व के ये मापदंड स्वयं व्यक्ति ने ही निर्धारित किए हैं। कई बार छोटे-मोटे शारीरिक विकारों से घिरे अधिकतर व्यक्ति अपने खूबसूरत जीवन को इसी चिंता में घुलकर व्यतीत कर देते हैं। उन्हें लगता है कि सारी दुनिया सिर्फ उन्हें देखकर उन पर व्यंग्य कर रही है। वह कल्पनाओं में भी यही देखते हैं कि वह जीवन में कभी प्रगति कर ही नहीं सकते, उन्हें सुंदर नहीं कहा जा सकता। 'सक्सेस इज ईजियर दैन फेलियर' के लेखक ई. डब्लू होव ने अपनी पुस्तक में लिखा है, "कुछ लोग जीवनभर मुसीबतों के काल्पनिक पहाड़ से जूझते रहते हैं और वे उन कठिनाइयों को कोसते हुए मर जाते हैं, जिनका अस्तित्व ही नहीं था।" जिंदगी में हर दूसरा व्यक्ति शारीरिक रूप से अपूर्ण है। शारीरिक रूप से सुंदर न होते हुए भी आत्मविश्वास के बल पर सुंदर लोगों से अधिक सफलता पाई जा सकती है।

एक बहुत प्रसिद्ध राजा के साथ हर समय एक अत्यंत बुद्धिमान मंत्री रहता था। संयोगवश राजा जहाँ दिखने में बहुत खूबसूरत था, वहीं मंत्री बदसूरत। राजा बातों-बातों में अकसर मंत्री से मजाक भी करते थे। एक दिन वह बोले, "तुम गुणी तो बहुत हो, लेकिन सुंदर नहीं हो। अगर सुंदर होते तो सोने पर सुहागा हो जाता।" राजा की बात सुनकर मंत्री मुसकराकर बोले, "महाराज, मैं स्वयं से संतुष्ट हूँ। रूप का जादू कुछ दिन चलता है, जबकि गुणों का जादू जीवन के बाद भी लोगों की जुबान पर चढ़कर बोलता है। मैंने तो यहाँ तक देखा है कि कई बार छोटी सी, कुरूप और सस्ती वस्तु बेहद गुणी होती है और मूल्यवान कीमती वस्तु किसी काम की नहीं होती।" यह सुनकर राजा बोले, "अच्छा, हमें भी तो बताओ कि वह छोटी सी और सस्ती वस्तु कौन सी है, जो बेहद गुणी है।" मंत्री बोले, "कल

दरबार में सबके सामने बताऊँगा।" अगले दिन दरबार में मंत्री एक सोने की सुराही और मिट्टी की सुराही लेकर पहुँचे। गरमियों के दिन थे। महाराज ने पीने के लिए पानी माँगा। मंत्री के कहे अनुसार राजा को जल दिया गया। पानी को मुँह से लगाते ही राजा ने अजीब सा मुँह बनाया और बोले, "इतनी गरमी में इतना बेस्वाद और गरम पानी। हमें शीतल जल पिलाओ।" तुरंत महाराज को शीतल जल पिलाया गया। शीतल जल को पीकर उनके चेहरे पर तृप्ति और राहत झलकी। यह देखकर मंत्री बोले, "महाराज, बेस्वाद और गरम जल सोने की सुराही का था और शीतल व मीठा जल मिट्टी की सुराही का। आपने सस्ती मिट्टी की सुराही के जल को पसंद किया, जबकि सोने की सुराही में रखे जल को फेंक दिया।" यह सुनकर राजा दंग रह गए और मंत्री को गले लगाते हुए बोले, "हमें हमारे प्रश्न का जवाब मिल गया। हम मान गए कि सुंदरता गुणों में होनी चाहिए, चेहरे में नहीं। तुम बेहद गुणवान हो और इसलिए सुंदर हो।" आज भी उस मंत्री को उसके गुणों के कारण याद किया जाता है।

रुपहले परदे के कुछ सितारे जैसे ललिता पवार की तिरछी आँखें, ओमपुरी के चेहरे पर चेचक के दाग, मुकरी का छोटा कद, इरफान खान का सामान्य चेहरा और नवाजुद्दीन सिद्धिकी का पतला डील-डौल उनकी सफलता में कभी आड़े नहीं आया। कई ऐसे व्यक्तित्व आज सफल मॉडल बनकर मॉडलिंग जगत् पर छाए हुए हैं, जिन्हें सुंदर नहीं कहा जा सकता। वास्तव में सुंदरता दो तरह की होती है—आंतरिक व बाहरी। आंतरिक सुंदरता के बल पर व्यक्ति शारीरिक रूप से सुंदर न होते हुए भी बेशुमार सफलता प्राप्त कर सकता है। इसके लिए व्यक्ति को स्वयं से प्रेम करने के साथ ही जिंदगी को खूबसूरत व सकारात्मक तरीके से देखना होगा। ओपेरा विनफ्रे कहती हैं, "जितना ज्यादा आप अपनी जिंदगी की प्रशंसा करेंगे और जश्न मनाएँगे, उतने ज्यादा जिंदगी में उत्सव मनाने के मौके आएँगे।" ईश्वर का अनमोल तोहफा जिंदगी बहुत मुश्किल से मिलता है। ऐसे में इस अनमोल तोहफे को कुछ कमियों के रोने में क्यों व्यतीत किया जाए? इस अनमोल तोहफे को कमियों के साथ स्वीकार करके प्रगति करने में भी तो व्यतीत किया जा सकता है। नेपोलियन हिल का मानना है, "इनसान का मस्तिष्क जो सोच सकता है और जिसमें यकीन कर सकता है, उसे वह हासिल कर सकता है।" फिर सुंदरता को सफलता का मापदंड क्यों माना जाए? अक्ल की सुंदरता हमेशा बाहरी सुंदरता पर हावी रहती है। यदि व्यक्ति अंतर्मन से सुंदर हो तो उसका व्यक्तित्व आत्मविश्वास, सद्गुण एवं उत्साह की चमक से चमककर दूसरों को भी आलोकित करता है। दीये की बाती

जलकर राख होती जाती है, लेकिन अपनी ज्योति से चहुँओर प्रकाश फैलाती है। दीये की बाती की कालिख को कोई नहीं देखता, बल्कि उसकी ज्योति को सभी नमन करते हैं। प्रत्येक व्यक्ति को अपने व्यक्तित्व को ऐसा ही प्रकाशवान बनाना चाहिए, जिसमें उसका चेहरा नहीं; बल्कि सद्गुणों की रोशनी चमके और सफलता की आभा देश में दमके।

□

जीवन सफल बनाती है गमों से दोस्ती

एक बहुत प्रसिद्ध गीत है 'दुनिया में कितना गम है, मेरा गम कितना कम है।' यह बिल्कुल सत्य है, लेकिन यथार्थ में होता इसके विपरीत है अर्थात् हमें अपना गम तो बड़ा लगता है और दूसरे का बड़ा गम भी दूर से छोटा प्रतीत होता है। जीवन में खुशी और जीत को दोस्त बनाने के लिए सभी तैयार हैं, लेकिन यदि गम से दोस्ती करने को कहा जाए तो शायद ही किसी का हाथ उठे। हालाँकि यह भी सत्य है कि गम से दोस्ती करो या नहीं, किंतु वे जीवन में आएँगे ही। परिवर्तन व सुख-दुःख प्रकृति का शाश्वत नियम है। संसार में व्यक्ति जिस रूप में अपने आप को ढाल लेता है, संसार भी उसे वैसी ही प्रतिक्रिया देता है। जिम्मरमैन कहते हैं, "इनसान जैसा मूल्य देता है, संसार उसे वैसा ही सौदा देता है। हँसो तो लोग आपके साथ हँसेंगे, क्रोध करो तो लोग आप पर क्रोध करेंगे। गाओ तो लोग आपके साथ गाने लगेंगे।" इसी तरह यदि आप गम को दोस्त बनाकर कार्य करेंगे तो स्वयं को तरोताजा, स्फूर्तिवान व ऊर्जा से भरपूर महसूस करेंगे। गम में व्यक्ति चिड़चिड़ा, तनावग्रस्त, क्रोधी, ईर्ष्यालु, निराश और हार मानकर बैठ जाता है, यहाँ तक कि आत्महत्या तक कर लेता है। इस प्रकार वह परिस्थितियों का मोहरा बनकर अपना जीवन समाप्त कर लेता है। बेंजामिन डिजराइल को अनेक गमों एवं समस्याओं का सामना करना पड़ा। फिर भी उन्होंने हिम्मत न हारकर गमों को अपना साझेदार बनाकर जाति और जन्म से विदेशी होते हुए भी इंग्लैंड का प्रधानमंत्री पद पा लिया, यहाँ तक कि इस पद पर रहते हुए उन्होंने असाधारण सफलता प्राप्त की और तब उन्होंने कहा, "मनुष्य परिस्थितियों का दास नहीं है, परिस्थितियाँ ही उसकी दास हैं।" गम को गले लगाकर जीत पानेवालों में महान् साहित्यकार सूर्यकांत त्रिपाठी 'निराला', सूरदास, गुरु गोविंदसिंह व टेनेसी राज्य की विल्मा ग्लोडियन रूडोल्फ का नाम प्रमुख है। इन्होंने परिस्थितियों व गम से हार न मानकर उनसे दोस्ती कर विश्व को अपनी उपलब्धियों से चकित कर दिया था।

एक बार कक्षा में शिक्षक विद्यार्थियों को खेल व खिलाड़ियों के बारे में बता रहे थे। तभी एक छात्रा ने अत्यंत उत्सुकता दिखाते हुए एथलेटिक्स व एथलीटों के बारे में विस्तार से जानना चाहा। इस पर कक्षा के सभी विद्यार्थी हँस पड़े। कक्षा के शिक्षक भी छात्रा पर व्यंग्य करते हुए बोले, "तुम एथलेटिक्स व एथलीटों के बारे में जानकर क्या करोगी, यह सब तुम्हारे वश की बात नहीं है। क्या तुमने कभी अपने पैरों की तरफ देखा है ? तुम तो सही से चल भी नहीं सकती और जानना चाहती हो उन एथलीटों के बारे में, जिन्होंने ओलंपिक में कीर्तिमान स्थापित किए हैं।" यह सुनकर छात्रा अपमान से तिलमिला उठी। उसने बगल में पड़ी बैसाखी उठाई और दृढ़ स्वर में पूरी कक्षा के सामने शिक्षक से बोली, "ठीक है, आज मैं अपाहिज हूँ, चल-फिर नहीं सकती, लेकिन सर, याद रखिए कि यदि मन में दृढ़ निश्चय व लगन हो तो मुश्किल-से-मुश्किल काम को भी चुनौती दी जा सकती है और आज मैं आप सबके सामने यह वादा करती हूँ कि एक दिन मैं भी सिर्फ धाविका ही नहीं अपितु बढ़िया धाविका बनकर आप सबको यह मानने पर मजबूर कर दूँगी कि दृढ़ निश्चय से इनसान सबकुछ कर सकता है। मैं अपनी बैसाखी के गम को गले लगाकर जीतकर दिखाऊँगी।" उसकी यह बात सुनकर सब हँस पड़े।

बस इस घटना के बाद इस छात्रा ने दिन-रात एक कर दिया और बिना बैसाखी के चलने का अभ्यास शुरू कर दिया। उसने अपने लँगड़ेपन और गमों से दोस्ती कर ली। कुछ ही दिनों में उसकी मेहनत रंग लाई और वह धीरे-धीरे बिना बैसाखी के चलने लगी। फिर धीरे-धीरे उसने नियमित रूप से दौड़ना आरंभ कर दिया। कठोर अभ्यास से वह दौड़ने लगी। छात्रा की इस कामयाबी ने उसके हौसलों को और बुलंद कर दिया। कुछ ही समय बाद वह अच्छी धाविका के रूप में जानी जाने लगी। उसका अभ्यास नियमित जारी रहा। 1960 के ओलंपिक में उसने पूरे उत्साह के साथ भाग लिया और एक साथ एक नहीं, बल्कि तीन स्वर्ण पदक जीतकर वाकई सबको दाँतों तले उँगली दबाने पर मजबूर कर दिया। कल तक जो लड़की बिना सहारे के चल नहीं सकती थी, अब वह अपने दृढ़ निश्चय से अपना नाम स्वर्णाक्षरों में अंकित करा चुकी थी। एक अपंग छात्रा से सफल धाविका बननेवाली वह खिलाड़ी कोई और नहीं, बल्कि टेनेसी राज्य की विल्मा ग्लोडियन रूडोल्फ थी, जिसने अपने जीवन के गमों से दोस्ती कर ली थी और उन्हीं के माध्यम से आगे बढ़ने के रास्ते तलाश लिये थे।

गम को यदि शत्रु समझा जाए तो वह उसी की तरह पीड़ा व तकलीफ देता है। फ्रायड के शिष्य और प्रसिद्ध मनोवेत्ता जुंग कहते हैं, "चिंता व गम व्यक्ति के दिमाग को कुंठित कर देते हैं।" इसलिए गम को गले लगाकर उसे कम करने के लिए स्वयं को रचनात्मक कायर्ों में उलझा लें व इस योजना और एकाग्रता से काम करें कि गम का हल निकालकर खुशी व जीत आपसे हाथ मिला ले।

□

कृति की अमूल्य भेंट है प्रकृति

भागदौड़ भरे जीवन में लोग इस कदर व्यस्त होते हैं कि वे ईश्वर की अनुपम कृति प्रकृति से अनजान रहते हैं। प्रदूषण, शोर और तनाव के साए में पलनेवाले व्यक्ति यह जान नहीं पाते कि प्रकृति के साथ ज्यादा समय बितानेवाले जीवन भर खुश और स्वस्थ रहते हैं। मनोवैज्ञानिकों का कहना है, "व्यक्ति प्रकृति के जितना समीप होता है, सुख का सूर्योदय उतनी ही शीघ्रता से उगता प्रतीत होता है।" मनोचिकित्सक भी इस बात को स्वीकार करते हैं कि प्रकृति व्यक्ति को संघर्षों और समस्याओं से जूझना सिखाती है। जिस प्रकार प्रकृति में ग्रीष्म, वर्षा, शिशिर और बसंत ऋतु आती है, उसी प्रकार मनुष्य के जीवन में भी ऋतुओं की तरह परिवर्तन आते हैं। परिवर्तनों को प्रकृति के सान्निध्य में रहनेवाला व्यक्ति सहजता से स्वीकार करके उनसे जूझने का सामर्थ्य प्राप्त करता है। गौतम बुद्ध को वृक्ष के नीचे ही बोधिसत्व प्राप्त हुआ। अध्यात्म की प्रेरणा प्रकृति के साथ ही व्यक्ति को प्राप्त होती है। पहले गुरुकुल में गुरु पेड़-पौधों एवं प्रकृति के सान्निध्य में ही अपने शिष्यों को ज्ञान प्रदान करते थे। द्रोणाचार्य ने जब कौरवों और पांडवों की परीक्षा ली तो हरी-भरी प्रकृति और कलरव करते पक्षियों के बीच ही ली। प्रकृति के साए में ही अर्जुन धनुर्धर और भीम गदाधारी बन पाए। किसी भी शिक्षा के लिए अध्यात्म एवं प्रकृति का संगम उसे सफल बनाता है। खासतौर पर तो खेलों के प्रशिक्षण के लिए प्रकृति उत्तम साबित होती है। व्यक्ति जितना प्रकृति के करीब रहकर स्वयं को सुखी व प्रसन्न महसूस करता है, उतना ही वह प्रकृति से दूर होकर स्वयं को उदासीन एवं बीमार महसूस करता है।

प्रकृति के कवि वड्र्सवर्थ का कहना था, "प्रकृति के छोटे-छोटे फूल देखकर मन में विचारों का जो अद्‌भुत झरना फूट पड़ता है, उसे शब्दों में बाँध पाना संभव नहीं है।" टेनीसन कहते हैं, "प्रकृति की अनुपम कृति व्यक्ति के अंतिम समय में दिल की धड़कनें नहीं बढ़ाती, रक्तचाप सामान्य रखती है और व्यक्ति को मधुमेह व जिगर की बीमारियों की जकड़न से बचाती है।" प्रकृति से जुड़ने पर व्यक्ति को

प्राणों में नवसंचार प्रतीत होता है। प्रकृति जीवन और तनाव की जंजीरों में जकड़े रहने के कारण मिले जख्मों पर अनुभूति के मरहम का स्नेहपूर्ण लेप लगाती है। यह जीने की प्रेरणा देनेवाली वह संजीवनी है, जो हर ओर बिखरी पड़ी है, लेकिन व्यक्ति अपनी व्यस्तता और चिंता से घिरा रहने के कारण इस संजीवनी से दूर रहता है। ब्राइट कहते हैं, "प्रकृति व्यक्ति से तरह-तरह की बोलियों में बात करती है। जब व्यक्ति दुःखी होता है तो प्रकृति अपनी सुकोमल संवेदना के साथ उसके चिंतन में घुल-मिलकर उसे सुकून देती है।" आजकल व्यक्ति बेहद अधीर और क्रोधी स्वभाव के बनते जा रहे हैं, इसका कारण ही यह है कि वे प्रकृति से दूर होकर फ्लैटों में कैद होकर रह गए हैं। गाड़ियाँ उनके आने-जाने का साधन बनकर रह गई हैं। बहुत कम व्यक्ति अब प्रकृति के परिवर्तन को महसूस करते हैं, उसका आनंद लेते हैं और उस आनंद में झूमते हैं। सावन, भाद्र एवं कार्तिक हर माह के मौसम का परिवर्तन व्यक्ति के लिए ढेर सारी खुशियों की सौगात लाता है, उन्हें आध्यात्मिक रूप से मजबूत बनाता है।

प्रकृति व्यक्ति को कठिनाइयाँ सहने की शक्ति देती है। इसलिए बचपन से ही बच्चों को प्रकृति का साथ दिया जाए तो बड़े होने पर वे इस अनमोल कृति के साथ बाधाओं पर विजय पाकर अपने जीवन को सफल बनाते हैं। प्रकृति के साथ रहकर व्यक्ति सुख और प्रसन्नता के उपहारों को निःशुल्क प्राप्त कर सकता है। आप भी इन उपहारों को निःशुल्क पाने के लिए प्रकृति की शरण में जाइए और अपने जीवन में चमत्कारी परिवर्तन लाइए।

□

सफलता की राह है एकाग्र ऊर्जा

जब व्यक्ति की ऊर्जा एकाग्र हो जाती है तो उसके ध्यान की समग्रता किसी एक बिंदु, स्थान या विषय पर केंद्रित हो जाती है। मौन, श्वास के विभिन्न अभ्यास, निश्चलता तथा एकांत जैसे तत्त्व एकाग्र ऊर्जा को उत्पन्न करते हैं। 'द मैजिक ऑफ थिंकिंग सक्सेस' में डेविड जे. श्वार्ट्ज कहते हैं, "एकाग्र ऊर्जा ही यह तय करती है कि कौन जीतेगा।" कोलंबस नई दुनिया की खोज इसलिए कर पाया, क्योंकि दो दशक से भी अधिक समय तक उसने अपनी ऊर्जा को 'समुद्री अभियान' पर जाने के लिए एकाग्र कर लिया था। इसी तरह अशक्त होते हुए भी अरुणिमा सिन्हा, इरा सिंघल, एन.एल. बेनो जेफीन और राजिंदर सिंह रहेलू कामयाबी का नया इतिहास रच पाए, क्योंकि इन्होंने अपनी ऊर्जा को लक्ष्य तक पहुँचने के लिए एकाग्र कर रखा था। हर बाधा से टकराते हुए इन्होंने अपनी मंजिल को प्राप्त किया।

एक बार जर्मनी के कील नगर के विश्वविद्यालय के संस्कृत विभाग के प्रधानाध्यापक पॉल डायसन और स्वामी विवेकानंद किसी विषय पर चर्चा कर रहे थे। चर्चा के बीच में अचानक श्री डायसन को जरूरी काम से उठकर जाना पड़ा। उनके जाने के बाद स्वामीजी अकेले कमरे में इधर-उधर देखते रहे। सहसा उनकी नजर एक पुस्तक पर पड़ी और वे उस पुस्तक को पढ़ने लगे। पुस्तक को वे एकाग्रता से पढ़ते-पढ़ते इतने मगन हो गए कि उन्हें पुस्तक के पाठ के सिवाय कुछ और नजर ही नहीं आ रहा था। जब उनकी नजर पुस्तक से हटी तो उन्होंने देखा कि पॉल डायसन अपने स्थान पर बैठे हुए थे। उन्हें वहाँ बैठे देखकर स्वामीजी बोले, "क्षमा करिए, मुझे आपके आने का अंदाजा हो ही नहीं पाया। दरअसल मैं पुस्तक पढ़ने में इतना तल्लीन था कि मेरा और किसी चीज की तरफ ध्यान ही नहीं गया।" स्वामी विवेकानंद की बात सुनकर श्री डायसन व्यंग्य से मुसकराकर बोले, "कोई बात नहीं।" उनके बोलने के तरीके को देखकर स्वामी विवेकानंद समझ गए कि पॉल डायसन को इस बात का विश्वास नहीं हो रहा है कि वास्तव में उन्हें उनके आने

का पता ही नहीं चला। उनकी चर्चा फिर से आरंभ हो गई। इस बार चर्चा में स्वामीजी बार-बार पुस्तकों के अनेक उद्धरणों को चर्चा में शामिल कर बातें करने लगे।" यह देखकर श्री डायसन बोले, "स्वामीजी, आपने चार सौ पृष्ठों की इस पुस्तक को कई बार पढ़ा होगा, तभी जाकर आपको पुस्तक में लिखित उद्धरण ज्यों-के-त्यों याद हो पाए हैं।" इस पर स्वामी विवेकानंद बोले, "नहीं, मैंने इस पुस्तक को पहले कभी नहीं पढ़ा, बल्कि अभी कुछ समय पहले ही पढ़ा है।" यह सुनकर डायसन बोले, "यह असंभव है। भला इतनी मोटी पुस्तक को आप इतने कम समय में कैसे पढ़ सकते हैं?" स्वामी विवेकानंद बोले, "पढ़ा जा सकता है, बशर्ते कि आप पूरे ध्यान और एकाग्रता से पुस्तक को पढ़ें। मैंने अपनी ऊर्जा को एकाग्र किया और पुस्तक को पढ़ा, लेकिन आपको विश्वास नहीं हुआ। दरअसल इनसान अपने चित्त पर काबू रखकर एकाग्रता से असंभव को भी संभव कर सकता है और हमारे भारत देश में अनेक भारतीय असंभव कार्य को एकाग्रता से संभव भी बनाते हैं।" स्वामी विवेकानंद का जवाब सुनकर पॉल डायसन लज्जित हो गए।

गेटे भी एकाग्र ऊर्जा को दृढ़शक्ति से जोड़ते हुए कहते हैं, "दृढ़प्रतिज्ञ व्यक्ति विश्व को अपने कदमों में झुका देता है।" जब कार्य के प्रति ऊर्जा एकाग्र हो जाती है तो व्यक्ति मनोयोग के साथ उसे करता है। मैसाचूसेट्स में हुए एक शोध से यह बात उजागर हुई है कि जो लोग अपने काम को एकाग्रचित्त होकर करते हैं, उनमें उत्साह व आत्मविश्वास के भाव पनपते रहते हैं। इससे उन्हें हार्ट अटैक और कैंसर होने की संभावना बहुत कम होती है। वे दीर्घायु भी होते हैं। डॉ. विश्वेश्वरैया, थॉमस अल्वा एडीसन, माइकल एंजेलो, पिकासो, कोनराड एडिनाइन आदि ने इस बात को सही साबित किया है कि यदि अपनी ऊर्जा को एकाग्र करके कार्य को किया जाए तो व्यक्ति लंबा जीवन जीता है। एकाग्रता ऐसी होनी चाहिए कि आप काम में पूरी तरह से लीन हो जाएँ। खाते समय भोजन बन जाएँ, पढ़ते समय पुस्तक बन जाएँ, लिखते समय शब्द बन जाएँ और बोल रहे हैं तो आवाज बन जाएँ। प्रत्येक काम को ध्यानपूर्वक और खुश होकर करने से ऊर्जा स्वयं ही एकाग्र हो जाती है। आज आधुनिक सुख-सुविधाओं एवं विभिन्न गेजेट्स के चलते लोग ऊर्जा को एकाग्र नहीं कर पाते हैं। सुख-सुविधाओं व आधुनिक गैजेट्स के अधिक आदी होने के कारण लोग अपनी एकाग्रता खोने लगते हैं। उनका ध्यान अकसर छोटे मार्ग से जल्दी सफलता प्राप्त करने की ओर रहता है। ऐसे में एकाग्र ऊर्जा शरीर में नहीं बन पाती और इसका संतुलन भी बिगड़ जाता है। एकाग्र ऊर्जा का संतुलन बिगड़ने के साथ ही व्यक्ति के शरीर में रोग अपना घर बना लेते हैं। यदि व्यक्ति का मन एकाग्र नहीं

होगा, विचलित होता रहेगा तो वह कोई भी कार्य ध्यानपूर्वक नहीं कर पाएगा, इससे उसके व्यवहार में आवेश, चिड़चिड़ापन, ईर्ष्या आदि का समावेश होगा।

एकाग्रता के बल पर साधारण व्यक्ति भी कामयाबी प्राप्त कर सकता है, जबकि असाधारण योग्यता एवं गुणों के होते हुए भी यदि व्यक्ति अपनी ऊर्जा को एकाग्र नहीं कर पाता तो वह सफल भी नहीं हो पाता। सफलता एवं एकाग्रता एक-दूसरे की पूरक हैं। जब व्यक्ति अपनी ऊर्जा को एकाग्र करके कार्य करेगा तो सफलता स्वयं उसकी दासी बन उसके चरणों में आ खड़ी होगी।

□

काबिल व्यक्ति सफलता के नए इतिहास रचता है

समाज में सफल लोगों को सम्माननीय दृष्टि से देखा जाता है। सफलता जीवन की कामयाबी का चिह्न है, लेकिन सफलता से भी अधिक महत्त्वपूर्ण है इनसान का काबिल होना। काबिल इनसान सफलता के नए मापदंड ही नहीं रचता, बल्कि उसका नाम इतिहास के स्वर्णाक्षरों में अंकित हो जाता है। सफल इनसान अधिकतर उन्हीं कार्यों में अधिक रुचि रखता है, जो उसे सफलता दिलाते हैं, वहीं काबिल व्यक्ति हर छोटे-बड़े काम के प्रति समर्पित होता है। काबिल इनसान हर उस स्थान पर अपनी सफलता के झंडे गाड़ने में सक्षम होता है, जहाँ पर सफलता अकसर दूभर होती है। काबिल इनसान परिवार, समाज और देश की प्रगति में महत्त्वपूर्ण भूमिका निभाता है। वह सिर्फ अपने कार्यों को एकाग्रता, आत्मविश्वास, जोश और उत्साह के साथ करता जाता है और सफलता उसके चरण चूमती रहती है।

व्यक्ति की काबिलियत अलग-अलग क्षेत्रों में शीघ्र ही पता चल जाती है। जब विद्यार्थी स्कूली जीवन में शिक्षा ग्रहण करता है, तभी उसकी रुचि, इच्छा और कार्यक्षमता का सम्मान करते हुए उसे इस ओर प्रेरित करना चाहिए कि वह बड़े होने के साथ-साथ केवल अपने शारीरिक विकास को ही नहीं अपितु मानसिक विकास को भी निखार सके। काबिल बनने के लिए सिर्फ किताबी ज्ञान ही आवश्यक नहीं अपितु हर तरह की शिक्षा प्राप्त करनी अनिवार्य है। डॉ. ए.पी.जे. अब्दुल कलाम ने अपनी आत्मकथा के दूसरे भाग 'टर्निंग पॉइंट्स' में स्पष्ट कहा है, "गरिमा पाने का सबसे बड़ा रास्ता शिक्षा है।" यदि व्यक्ति शिक्षित होगा तो वह अपनी काबिलियत को निखारने के लिए अपनी बुद्धि का प्रयोग भली-भाँति कर पाएगा। काबिल व्यक्ति का राजनीति से लेकर खेल, शिक्षा, साहित्य; सभी क्षेत्रों में होना अनिवार्य है। काबिल व्यक्ति इन क्षेत्रों में केवल सफलता के मापदंड को ध्यान में रखकर नहीं, बल्कि

उचित व अनुचित का ध्यान रखते हुए कार्य करता है और संस्कारों व परिवेश की गरिमा को बनाए रखता है।

चुनावों का समय था। हर ओर चुनाव का बिगुल बज रहा था। लोगों में टिकट लेने के लिए लंबी लाइन लगी हुई थी। नेताओं के रिश्तेदारों को लग रहा था कि उनकी चाँदी है, उन्हें सहजता से टिकट मिल जाएगा। उत्तर प्रदेश के उम्मीदवारों का चयन लाल बहादुर शास्त्रीजी के हाथों में था। सभी उम्मीदवारों ने अपने नामांकन भरकर जमा करा दिए। जिस दिन चयन-सूची लगनी थी, उस दिन भारी भीड़ लाल बहादुर शास्त्री के आसपास जमा थी। चयन-सूची बोर्ड पर लगा दी गई। सभी उम्मीदवार वहाँ अपना नाम तलाशने में लगे थे। जब उम्मीदवारों की भीड़ वहाँ से छँट गई तो एक व्यक्ति लाल बहादुर शास्त्री के समीप आया और बोला, "भैया, कैसे हैं?" लाल बहादुर शास्त्रीजी व्यक्ति की ओर देखकर मुसकराए और बोले, "आप बताइए। मैं तो अच्छा हूँ।" यह सुनकर वह व्यक्ति बुरा सा मुँह बनाते हुए बोला, "अरे, आप हमारे संबंधियों में से एक हैं। संबंधी ही वक्त पर एक-दूसरे के काम आते हैं। ऐसे में आपने हमारा नाम चुने गए उम्मीदवारों में क्यों नहीं शामिल किया।" व्यक्ति की बात सुनकर लाल बहादुर शास्त्री बोले, "संबंधी अपनी जगह हैं और देश का हित अपनी जगह है। यह चुनाव देशहित में किए जा रहे हैं। चुनाव कोई पारिवारिक कार्य अथवा विवाह नहीं है, जिसमें संबंधियों का होना जरूरी है। देशहित के लिए किए जा रहे चुनावों में योग्य, काबिल व शिक्षित उम्मीदवारों का होना अनिवार्य है, न कि अशिक्षित और अयोग्य संबंधियों का। देश प्रतिभाशाली और ईमानदार लोगों के चुनकर आने से चलता है, संबंधियों के चुने जाने से नहीं। हमें उम्मीदवार के रूप में ऐसे काबिल लोग चाहिए, जो देश को अपने कंधों पर गर्व, मेहनत और आत्मविश्वास के साथ चला सकें। ऐसे में यह जरूरी तो नहीं कि संबंधी काबिल भी हों। यदि व्यक्ति काबिल है तो यह जरूरी नहीं है कि वह नेता का संबंधी हो और यदि योग्य नहीं है तो नेता का संबंधी होने पर भी उसका चुना जाना संदेहास्पद ही है।" यह सुनकर वह व्यक्ति लज्जित हो गया और वहाँ से चला गया।

मशहूर समाजशास्त्री एच.जी. वेल्स कहते हैं, "समाज को सफल नहीं, काबिल लोगों की जरूरत ज्यादा है, क्योंकि हर सफल व्यक्ति सबसे पहले अपने संघर्ष का हर्जाना वसूलता है।" वेल्स सफलता को छोटा और काबिलियत को बड़ा मूल्य मानते हैं। काबिल इनसान गिरकर सँभल जाता है। वह असफल होने पर धैर्य से फिर आगे बढ़ता है और अपनी मंजिल को पाता है। प्रेरक गुरु डेल कारनेगी का

भी मानना है, "आपने किसी लक्ष्य को सफल बनकर पाया है तो मैं गारंटी नहीं दे सकता कि आप उसके लायक हैं या नहीं, लेकिन यदि काबिल बनकर पाया है तो मुझे कहने में कोई हर्ज नहीं कि आप विजेता हैं।" काबिल व्यक्ति सफल व्यक्ति से ज्यादा कामयाब और सद्गुणोंवाला होता है। वह सबकुछ खोकर एक बार फिर से शुरुआत करके अपने लिए नई राहें और लक्ष्य तलाश सकता है। हो सकता है कि काबिल इनसान उतना धनी व शिक्षित न हो, जितना कि अकसर सफल व्यक्ति होता है, लेकिन इतना अवश्य है कि काबिल इनसान हर व्यक्ति बन सकता है। कुछ लोग सफलता को धनी और शिक्षित लोगों की बपौती मान सकते हैं, लेकिन काबिल हर उम्र, धर्म और लिंग का व्यक्ति बन सकता है। काबिल बनने के लिए केवल हृदय से स्वच्छ, स्पष्ट, मेहनती और कर्मरत होना जरूरी है। जो व्यक्ति काबिल है, वह सफल भी अवश्य होगा। इसलिए काबिल बनने पर ध्यान देना चाहिए। ऐसा करने से सफलता स्वयं उसके पास खिंची चली आएगी।

□

मानसिक घर की मजबूती जीवन सफल बनाती

जिस तरह व्यक्ति के भावी घर का जीवन सामग्री की गुणवत्ता पर निर्भर करता है, उसी तरह व्यक्ति की सफलता इस बात पर निर्भर करती है कि उसका मानसिक घर कैसा है। अधिकतर लोग टिकाऊ, मजबूत व सुंदर घर बनाने के लिए अच्छा सीमेंट, ईटें व बढ़िया पत्थर का प्रयोग करते हैं, लेकिन वहीं अपने उस मानसिक घर के लिए जो उन्हें जीवन पथ पर आगे बढ़ाता है, उसके लिए वे सर्वश्रेष्ठ विचारों, मुसकराहट, स्वच्छता, व्यायाम आदि जैसी सामग्री का निर्माण करने से चूक जाते हैं। अध्यात्म की भावना और सद्विचार व्यक्ति के मानसिक घर को टिकाऊ बनाने में महत्त्वपूर्ण भूमिका निभाते हैं। डीन ऑफ वेस्टमिंस्टर की अध्यक्षता में इंग्लैंड के दस बड़े-बड़े पादरियों और दस निपुण डॉक्टरों की एक समिति ने अनेक अधिवेशन आयोजित करने के बाद एकमत होकर यह निष्कर्ष निकाला कि शरीर और मस्तिष्क की नीरोगिता पर आध्यात्मिक संकेतों एवं अवस्था का सुधारजनक प्रभाव पड़ता है, जिससे मानसिक प्रगति में पर्याप्त सहायता मिलती है।" व्यक्ति के जीवन में दाखिल होनेवाली हर चीज उन मानसिक ईटों की प्रकृति पर निर्भर करती है, जिनका प्रयोग व्यक्ति अपने मानसिक घर को बनाने में करते हैं। यदि व्यक्ति की मानसिक सामग्री डर, चिंता, तनाव या नकारात्मक विचारोंवाली होगी तो उसका मानसिक घर भी कच्चा ही रहेगा, जो जरा सी समस्या या तनाव में भरभराकर गिर जाएगा। यदि व्यक्ति हर घंटे, हर पल अपने मन के घर का निर्माण बेहतरीन सेहत, मुसकराहट, सद्भावों की टिकाऊ व मजबूत सामग्री से करेगा तो हर परेशानी व भूकंप जैसी आपदा की स्थिति में भी वह स्वयं को बचा सकता है। फ्लोरेंस नाइटिंगेल, बीथोवन, एल्विस प्रेस्ले, स्टीफन किंग, डेल कारनेगी, हेनरी फोर्ड आदि अनेक ऐसे नाम हैं, जिन्होंने अपने मानसिक घर की नींव को मजबूत बनाकर बाहरी मुसीबतों एवं परेशानियों का डटकर सामना किया।

मारिया को बचपन से ही पढ़ने का बहुत शौक था। एक दिन बीमार होने पर वह डॉक्टर के पास गई। वहाँ उसने देखा कि अधिकतर डॉक्टर पुरुष हैं। यह देखकर नन्ही मारिया ने मन में दृढ़ निश्चय कर लिया कि वे बड़ी होकर डॉक्टर ही बनेंगी। रोम के मेडिकल कॉलेज के प्रमुख ने मारिया को दाखिला देने से इनकार करते हुए कहा, "ऐसा आज तक नहीं हुआ है और इसके बारे में तो सोचा भी नहीं जा सकता।" मारिया ने मेडिकल कॉलेज के प्रमुख के इनकार से हार नहीं मानी। वे पोप के पास गईं। पोप के कहने पर उनका दाखिला वहाँ हुआ, लेकिन मुश्किलें अभी बहुत थीं। उस समय सिर्फ पुरुष ही डॉक्टर बनते थे। इसलिए उनके साथी उन पर व्यंग्य कसते और तंग करते। आधी रात को मारिया को शरीर विज्ञान की कक्षा में अकेले पढ़ने और मुर्दों की चीर-फाड़ करने के लिए विवश किया जाता। मारिया ने भी जैसे इन चुनौतियों को स्वीकार कर लिया था। वे निडरता और आत्मविश्वास के साथ सारे काम करतीं। उन्होंने अपने मानसिक विचारों को बेहद मजबूत बना लिया था। वे मन की नींव मजबूत होने के कारण डरती नहीं थीं। इससे उनके पुरुष साथी दाँतों तले उँगली दबा लेते। 1896 में मारिया को सफलता मिली और वे इटली की पहली डॉक्टर बन गईं।

यहाँ भी पुरुषप्रधान समाज के चलते उनके साथ भेदभाव हुआ। उन्हें सामान्य व्यक्तियों का इलाज करने नहीं दिया गया। इसके बजाय उन पर मूर्ख व मंदबुद्धि बच्चों के इलाज की जिम्मेदारी डाल दी गई। मारिया ने इस चुनौती को भी सहर्ष स्वीकार किया। कुछ ही महीनों में उन्होंने अपनी मेहनत व योग्यता के बल पर मंदबुद्धि व मूर्ख बालकों का इलाज करने के साथ ही उन्हें पढ़ने-लिखने के काबिल बना दिया। अब मारिया समझ गईं कि उनके इलाज के तरीके से मूर्ख व्यक्तियों में सुधार आ जाता है। उन्होंने अपने इस कार्य की सफलता को बार-बार दोहराया। वे हर बार सफल रहीं। आखिर 1899 में उन्होंने ऑर्थोपीडिक स्कूल ऑफ रोम की स्थापना की। अपनी इस शिक्षण प्रणाली के प्रचार-प्रसार के लिए उन्होंने नौकरी छोड़ दी। इस प्रकार पुरुषों के प्रबल विरोध के बावजूद अपने मानसिक घर को स्वच्छ व निर्भीक बनाने के कारण मारिया मॉन्टेसरी सफल हुईं। आज शिक्षा जगत् में मॉन्टेसरी प्रणाली को अत्यंत महत्त्वपूर्ण माना जाता है।

शेल्डन कोहेन कार्नेगी मेलन विश्वविद्यालय के शोधों से भी यह बात साबित हो चुकी है कि अच्छे विचार व अच्छी सोचवाले व्यक्ति सुख व सुकून का जीवन जीते हैं, जबकि बुरे विचार व नकारात्मक विचारोंवाले शीघ्र ही अनेक बीमारियों की चपेट में आ जाते हैं।" स्वस्थ विचार, प्रसन्नता, मुसकराहट व्यक्ति के मन के घर

को मजबूती प्रदान करते हैं। स्वस्थ दृष्टिकोणवाले व्यक्ति का दिमाग हर समय खुला रहता है और हर परेशानी से निपटने के लिए तैयार रहता है। इस संबंध में लॉर्ड डेवन भी कहते हैं, "मानव-मस्तिष्क एक पैराशूट की तरह है, जब तक वह खुला रहता है, तभी तक कार्यशील रहता है।" व्यक्ति के विचार और मन की बातें ही अंततः उसके अनुभव बन जाते हैं। अमेरिकी दार्शनिक राल्फ वाल्डो इमर्सन भी कहते हैं, "मनुष्य वही बन जाता है, जो वह दिन भर सोचता है।" इसलिए अपने मानसिक घर को सुंदर और स्वच्छ बनाएँ। इसके लिए अपने दिमाग को खुला और ग्रहणशील रखें। ऐसे में आपके अंदर छिपा असीमित ज्ञान आपको वह हर चीज बता सकता है, जिसकी आपको कभी भी, कहीं भी जरूरत है। ऐसा करके व्यक्ति नए विचारों को जन्म दे सकता है, आविष्कार कर सकता है, नई खोजें कर सकता है और नई कलाकृतियाँ बना सकता है। जब व्यक्ति अपने मानसिक घर की नींव को मजबूत बनाकर ऐसे नवीन व अद्भुत कार्य करता है तो उसका जीवन सफल हो जाता है। इसलिए अपने मानसिक घर में सकारात्मक एवं सुंदर विचारों का पोषण दें, आपका जीवन स्वयं सुंदर बन जाएगा।

□

संगीत का जादू

जीवन में संगीत जादू का-सा असर करता है। जब व्यक्ति बहुत अधिक तनाव में हो, बीमार अथवा परेशान हो, उस समय मनपसंद धीमा-धीमा संगीत सुना जाए तो परेशानी व बीमारी बहुत हद तक कम हो जाती है। संगीत न सिर्फ व्यक्ति के तनाव, दर्द, बीमारी व परेशानी को दूर करता है, बल्कि कई बार ऐसे मर्ज में भी लाभदायक सिद्ध होता है, जहाँ पर दवा भी बेअसर साबित होती है। आज प्रतिस्पर्धा का युग है। ऐसे में व्यक्ति बहुत जल्दी परेशान और हताश हो जाता है, ऐसे समय संगीत व्यक्ति को तनाव से मुक्त कर उसे प्रसन्न करता है। शोधों से यह बात सामने आई है कि पार्किंसन और अवसाद के मरीजों पर मधुर संगीत का सकारात्मक असर देखा गया और उन्हें अवसाद व पीड़ा से मुक्ति मिली। व्यक्ति के शरीर में ट्राइटोफन नामक रसायन पाया जाता है, यह रसायन संगीत के माध्यम से व्यक्ति के अवसाद, तनाव व दुःख को दूर करने में कारगर भूमिका निभाता है। कई ऑटिज्म, क्लिनिकल डिप्रेशन, दिल की बीमारी, रक्तचाप से पीड़ित व्यक्तियों को जब मधुर संगीत सुनवाया गया तो यह बात सामने आई कि संगीत सुनते समय उनका हृदय प्रसन्न हो जाता है और उनकी स्थिति शारीरिक रूप से सामान्य हो जाती है। संगीत का अस्तित्व प्राचीनकाल से ही विश्व में रहा है। अब तो वाद्ययंत्रों के माध्यम से संगीत को सुरीला बनाया जा सकता है, लेकिन उस समय भी जब वाद्ययंत्र नहीं होते थे, तब व्यक्ति सुर और गीतों के माध्यम से अपना मनोरंजन करते थे और पीड़ा व परेशानी के समय गीतों के माध्यम से अपने दुःख को भुलाते थे।

विश्व में अनेक बड़े-बड़े संगीतज्ञ रहे हैं। भारत में तानसेन, संगीतकार मार्तंड पंडित ओंकारनाथ ठाकुर एवं नारायण राव बहुत ही महान् और प्रसिद्ध गायक व संगीतकार थे। तानसेन के बारे में तो यहाँ तक कहा जाता है कि अकबर के दरबार में जब वे राग दीपक गाते थे तो दीपक खुद-ब-खुद जल उठते थे। संगीत की शक्ति से वैज्ञानिक भी प्रभावित हैं। कई वाद्ययंत्रों की मधुरता भी व्यक्तियों को

इस कदर प्रभावित कर देती है कि वे अपने दुःख-दर्द भूलकर पूरी तरह संगीत के रस में डूब जाते हैं। बचपन से ही लुडविग बीथोवन बहुत अच्छी पियानो बजाता था। उसके पिता को नशे की आदत थी। वह अपने बेटे के जरिए ढेर सारा रुपया कमाना चाहता था ताकि उसको नशा करने के लिए रुपए मिलते रहें। बीथोवन की माँ हमेशा अपने बेटे का साथ देती थी। वह उसके शौक को पूरा करने में उसकी छिप-छिपकर मदद करती थी। सत्रह वर्ष की उम्र में माँ बीथोवन का साथ छोड़कर चल बसी। उसके पीछे दो छोटे भाई थे। उनकी देखभाल की जिम्मेदारी भी बीथोवन पर आ पड़ी। अपनी मेहनत व लगन से जल्दी ही बीथोवन जनता के बीच एक अच्छे संगीतकार के रूप में पहचाना जाने लगा। उसके संगीत को सुनकर लोग अपनी सुध-बुध खो बैठते थे। दुर्भाग्यवश अट्ठाइस वर्ष की उम्र में उसे कानों से सुनाई देना बंद हो गया। वह बहरा हो चुका था। एक संगीतकार के लिए इससे दर्दनाक बात कोई हो ही नहीं सकती कि वह संगीत को स्वयं ही न सुन सके। परेशान बीथोवन जब अपनी पीड़ा को संगीत सुनकर दूर करने की योग्यता से वंचित हो गए तो उन्होंने हिम्मत व आत्मविश्वास से इस बात का सामना किया और मन में यह दृढ़ निश्चय किया कि अपने संगीत की धुनों से अब वे लोगों को सदमे, पीड़ा व बीमारी से उभारने में मदद करेंगे। उन्होंने कई बेहतरीन किस्म की धुनें तैयार कीं। हालाँकि वे अपनी सुनने की शक्ति गँवा चुके थे। एक दिन उन्हें एक संगीत वादक का कार्यक्रम पेश करने का निमंत्रण मिला। उन्होंने सहर्ष निमंत्रण स्वीकार कर लिया। कार्यक्रम पेश करते समय उनकी दर्शकों की तरफ पीठ थी और वह स्वयं संगीत का निर्देशन कर रहे थे। अपने द्वारा निर्देशित संगीत को वह स्वयं सुन नहीं सकते थे। दर्शक आनंद से संगीत की मधुर लहरियों में झूम रहे थे। गायन समाप्त होने पर बीथोवन दर्शकों की ओर पीठ किए हुए ही अपना सामान समेटने लगे। तभी उनके एक साथी ने बीथोवन का मुँह दर्शकों की ओर घुमा दिया। बीथोवन ने देखा कि दर्शक उनके सम्मान में खड़े होकर तालियाँ बजा रहे हैं। जब दर्शकों को यह ज्ञात हुआ कि बीथोवन न तो अपनी बनाई धुनें सुन सकते हैं और न ही अपनी प्रशंसा में बजाई गई तालियाँ, तो उनकी आँखों में आँसू भर आए। दर्शक अदम्य साहस का परिचय देनेवाले बीथोवन के सामने श्रद्धा से नतमस्तक हो गए। उनके संगीत की धुनों को सुनकर अनेक ऐसे व्यक्ति भी स्वस्थ हो गए, जिनके बारे में डॉक्टर बिल्कुल उम्मीद छोड़ चुके थे।

मधुर सुर-ताल से खुश होकर गायें तक 20 प्रतिशत तक अधिक दूध देती हैं। बुफन महोदय भी इस संदर्भ में अपनी कुछ ऐसी ही राय रखते हैं और कहते हैं,

"संगीत-ध्वनि व संगीत की आवाज सुनकर भेड़ें भी अधिक हृष्ट-पुष्ट हो जाती हैं। जब भी संगीत सुनते हुए घर की सफाई की जाती है, झाड़ने-बुहारने का काम किया जाता है तो उसमें अपेक्षाकृत अधिक सफाई नजर आती है। यही नहीं; संगीत के कारण हमारे शरीर का हर अंग गाता प्रतीत होता है, जो जीवन को सुंदर व स्वस्थ बनाता है। एक किसान घोड़ों के गले में घंटी बाँधकर जब हल चलाता है तो उस घंटी की मधुर ध्वनि के साथ किसान व घोड़ा दोनों ही उत्साह एवं आत्मविश्वास से हल चलाते हैं। संगीत के वातावरण में तैयार की गई फसल का स्वाद अधिक आनंदप्रद व प्रसन्नता देनेवाला होता है। यदि विपत्ति के समय भी संगीत सुना जाए तो उसे दूर करने में दुःख के बजाय प्रसन्नता एवं सुख का बोध अधिक होता है, जो व्यक्ति के संकल्प को मजबूत करता है। इसलिए जीवन में संगीत का आनंद लेते रहिए, यह सफलता का सबसे सरल सूत्र है।

□

नए रास्ते बनाने का सुख

प्रत्येक व्यक्ति के दिमाग में यह बात अवश्य आती है कि लीक पर चलने के बजाय नए रास्ते बनाए जाएँ। नए रास्ते बनाने या उन पर चलने की योजना आती तो अनेकों के मन में है, लेकिन वह अकसर धरी-की-धरी रह जाती है। कई लोग आज···कल···करते रह जाते हैं और जो जीवट व परिश्रमी होते हैं, वे उन रास्तों को बनाकर उन पर स्वयं चलते हुए इतिहास रच देते हैं। सैमुअल जॉनसन पुस्तकें पढ़ते थे। एक दिन उन्होंने सोचा कि पुस्तक के कई शब्द कठिन होते हैं। ऐसे में क्यों न पुस्तक के इन कठिन शब्दों की सरलता के लिए कोई नया मार्ग ढूँढ़ा जाए। कुछ ऐसा, जिससे कि पाठकों को पुस्तक पढ़ते समय कठिनाई महसूस न हो। बस वे इसी धुन में लग गए और आखिरकार उनकी कड़ी मेहनत का नतीजा सबके सामने अंग्रेजी के वृहत शब्दकोश के रूप में सामने आया। आज उनका शब्दकोश पूरे विश्व में प्रसिद्ध है। हेनरी फोर्ड के दिमाग में ऑटोमोबाइल के माध्यम से दुनिया की दूरी कम करने के लिए रास्ते नजर आए। उन्होंने संघर्ष कर इस मार्ग को अपनाया और पूरे विश्व को एक मजबूत कार बनाकर दी। लुई ब्रेल की आँखों की रोशनी जाने पर उनके मन में आया कि क्या ऐसा कोई रास्ता नहीं है, जिसके द्वारा नेत्रहीन भी पढ़ाई कर सकें। यदि नहीं है तो मैं ऐसा नया रास्ता बनाऊँगा, जिससे कि नेत्रहीनों को भी शिक्षा प्राप्त करने का अवसर मिलेगा। आज उनके इसी नए रास्ते पर चलकर खोजी गई ब्रेल लिपि के माध्यम से नेत्रहीन सहजता से उच्च शिक्षा प्राप्त कर सकते हैं।

नए रास्ते पर चलने की भावना कई ऐसी महत्त्वपूर्ण वस्तुओं का निर्माण कर सकती है, जिनकी मनुष्य कल्पना भी नहीं कर सकता। नेपोलियन हिल कहते हैं, "यदि आप अपनी ग्रहणशील शक्ति को पैनी कर लेते हैं तो उसे अचूक शक्ति में बदलकर अद्‌भुत शक्ति प्राप्त कर सकते हैं।" जब भारत में श्रीपाद राव ने अनेक कीटों को देखा तो उन्हें लगा कि कीटनाशक तो फसलों को गहरा नुकसान पहुँचा जाते हैं। क्या ऐसा कोई रास्ता नहीं है, जिसके माध्यम से इन कीटनाशकों को फसलों

का नुकसान करने से रोका जा सके। बस फिर उन्होंने रास्ता ढूँढ़ना शुरू कर दिया और आखिर एक कीटनाशक बनाया। उस समय लोगों ने उनका मजाक उड़ाया और कहा कि कीटनाशक दवाई भारत में कभी सफल नहीं हो सकती, लेकिन उन्होंने एक नए रास्ते पर चलने की ठानकर कीटनाशक दवाई का निर्माण किया। आज कीटनाशक दवाई हर घर में प्रयोग की जाती है। हर व्यक्ति के दिमाग में भाँति-भाँति की योजनाएँ जन्म लेती हैं। जो गंभीर होते हैं, वे लीक पर चलने के बजाय लीक से हटकर चलने में विश्वास करते हैं। वे अपने लिए नए रास्ते चुनते हैं और फिर उनके द्वारा बनाए गए रास्ते पर दुनिया चलती है। कुछ नवीन करने के इच्छुक लोग सकारात्मक दिशा में काम करना शुरू कर देते हैं। इससे जहाँ उन्हें सफलता, यश, मान-सम्मान मिलता है, वहीं मनुष्यों को भी अनेक तरह की सुविधाएँ प्राप्त होती हैं। प्रसिद्ध मनोवैज्ञानिक प्रो. रिचर्ड फॉक्स कहते हैं, "सकारात्मक व नई सोच अच्छाई की तरंगों को उत्पन्न करती है, जो आपकी जिंदगी और आपके आसपास के हर एक व्यक्ति को प्रभावित करती है।" मस्तिष्क में नए-नए रास्ते, नई-नई बातें और नवीन जानकारियों को ग्रहण करने से व्यक्ति का तनाव कम होता है। जानकारी व अच्छे-अच्छे सुझाव व्यक्ति को एक अभूतपूर्व आत्मविश्वास और शक्ति से भर देते हैं, जिससे वह अपनी समस्याओं का चुनौतीपूर्वक सामना करते हैं। हर व्यक्ति के अंदर एक जुझारू व संघर्ष करने वाला अस्तित्व विद्यमान होता है। बस कई लोग अपने अंदर के जुझारू इनसान को जगा लेते हैं और कई इसमें असमर्थ हो जाते हैं। अकसर लोगों को अपने परिवेश को देखते-देखते बने-बनाए रास्तों पर चलने की एक आदत-सी हो जाती है। यही आदत उनकी दिनचर्या का एक महत्त्वपूर्ण अंग बन जाती है। इसी दिनचर्या में उनका जीवन बीतने लगता है। ऐसे में लीक से हटकर नए रास्ते बनाने का जोखिम सामान्यत: वही व्यक्ति उठाते हैं, जिनकी सोच में यह बात होती है कि वे अपनी मेहनत, लगन और परिश्रम से ऐसे कार्य करेंगे, जिससे कि पुराने रास्ते ध्वस्त होकर गिर पड़ेंगे और उनके नए रास्ते लोगों को सहज व सरल लगेंगे।

कोई भी कार्य मुश्किल अवश्य हो सकता है, लेकिन असंभव नहीं होता। मैक्सिम गोर्की तो यहाँ तक कहते हैं, "मेहनती लोग पुरानी दुनिया ध्वस्त करने नई दुनिया भी बसा सकते हैं।" यह सत्य है। जो व्यक्ति बचपन से ही इतिहास रचने की ठान लेते हैं, वे लीक से हटकर काम करना पसंद करते हैं। यदि लोगों को लगता है कि लीक पर चलना सरल है तो नए रास्ते खोजकर दुनिया को चलाना उससे भी ज्यादा सरल है, बस इसके लिए मन में आत्मविश्वास, मस्तिष्क में

सकारात्क विचार और हृदय में मेहनत का जज्बा होना चाहिए। एक बार जब आप नए रास्ते पर चलना शुरू कर देंगे तो आपको लगेगा कि नए रास्ते बनाने का सुख वास्तव में अद्‌भुत है। कुछ अलग हटकर कर-गुजरने की धुन व्यक्ति को कामयाब, खुशहाल और योग्य बना सकती है, बस सोच अच्छी होनी चाहिए और नए रास्ते बनाने का मार्ग सच और सकारात्मक सोच से होकर गुजरना चाहिए। जब कोई ऐसा नया रास्ता बन जाता है, जिसके माध्यम से लोगों को लाभ और सहजता दोनों होती है तो वह अपने आप लोगों की पसंद बन जाता है। आप भी नए रास्ते बनाने का प्रयास करिए, क्या पता कोई महान् खोज आपके हाथों और सोच का इंतजार कर रही हो।

□

गलतियों से सीखकर आगे बढ़ें

हर व्यक्ति यह चाहता है कि वह जो भी कार्य करे, वह शत-प्रतिशत सही हो। कई बार ऐसा नहीं हो पाता। किसी भी कार्य को यदि एकाग्रता, लगन व मन से किया जाए तो वह सही होता है, किंतु कई बार अकसर ऐसा होता है कि हम अपने अनुसार कार्य को सही तरीके से करते हैं, लेकिन फिर भी उसमें कुछ कमियाँ रह ही जाती हैं। इनसान को गलतियों का पुतला कहा गया है, क्योंकि वह गलतियों से सीखकर ही आगे बढ़ता है। हर कार्य पहली बार में नया और कठिन प्रतीत होता है। जब उसी कार्य को बार-बार किया जाता है तो वह सहजता और सरलता से सही होने लगता है। बचपन में बच्चा जब चलने का प्रयास करता है तो वह अनेक बार गिरता है, लेकिन हार नहीं मानता। इसी तरह जब हम गणित के सवाल हल करते हैं तो उसमें गलती होने पर उस गलती को ठीक करने का प्रयास करते हैं। यही प्रयास हमें जीवन में भी करना चाहिए। जब हम यह जानते हैं कि हर जगह गलती को ठीक करके ही सही किया जाता है तो फिर कई बार जीवन में होनेवाली गलतियों से ग्रसित होकर हार मानकर क्यों बैठ जाते हैं ? गलती के डर से या गलती होने पर कई लोग तो इतने भयभीत हो जाते हैं कि वे अपने जीवन को ही समाप्त कर लेते हैं या फिर गलत मार्ग को अपना लेते हैं। गलतियाँ जीवन का अंग हैं। जब व्यक्ति कार्य करेगा तो गलतियाँ होना स्वाभाविक है। हाँ, इतना अवश्य है कि गलतियों से इनसान को सीख लेकर आगे बढ़ना चाहिए। यही सफलता का सूत्र है।

एक बार एक प्रतिष्ठित संस्थान के एक युवा एक्जीक्यूटिव ने एक नया उत्पाद तैयार किया। उस उत्पाद को तैयार करने में अनेक जोखिम थे। दुर्भाग्यवश वह उत्पाद बाजार में बुरी तरह असफल हो गया और कंपनी को एक करोड़ डॉलर का घाटा हुआ। यह देखकर युवा एक्जीक्यूटिव बहुत घबरा गया। उसे पूरा अनुमान था कि अब वह इस प्रतिष्ठित कंपनी का हिस्सा नहीं रहेगा। इस गलती से उसका कॅरियर खत्म हो गया है। ये सब बातें सोच-सोचकर वह बहुत परेशान हो गया। तभी उसके पास संदेश

आया कि उसे संस्थान के संस्थापक ने तुरंत अपने केबिन में बुलाया है। वह युवक डरते-डरते संस्थापक के केबिन में पहुँचा। संस्थापक उसे देखते ही बोले, "आओ यंग मैन, बैठो! मुझे तुमसे एक विषय पर जरूरी बात करनी है।" बैठने के तुरंत बाद युवा एक्जीक्यूटिव बोला, "सर, मुझे मालूम है कि आप मुझसे किस विषय पर जरूरी बात करेंगे। आप मेरा इस्तीफा चाहते हैं, क्योंकि मुझसे उत्पाद तैयार करने में गलती हो गई है।" युवा एक्जीक्यूटिव की बात सुनकर संस्थापक गंभीर होकर बोले, "यंग मैन, यह तुम कैसा मजाक कर रहे हो? अरे, हमने तुमको जीवन के साथ ही कॅरियर में हर स्थिति में संघर्ष करने के लिए शिक्षित किया है और तुम्हें शिक्षित करने के प्रयास में हाल ही में हमारी कंपनी ने एक करोड़ डॉलर खर्च किए हैं। तुम्हें उत्पाद में हुई गलती को सुधारकर आगे बढ़ना चाहिए।" युवा एक्जीक्यूटिव संस्थापक की बात सुनकर दंग रह गया और बोला, "सर, मैं इस शिक्षा को व्यर्थ नहीं जाने दूँगा और इस कंपनी को ऊँचाइयों तक पहुँचाने के लिए अपना सर्वश्रेष्ठ प्रयास करूँगा। मैं आपसे वादा करता हूँ कि आज से हमेशा अपनी बड़ी-से-बड़ी गलती से सीख लेकर आत्मविश्वास के साथ आगे बढ़ूँगा, हार मानकर नहीं बैठूँगा।" संस्थापक मुसकराकर बोले, "हमारी कंपनी हर कर्मचारी से यही उम्मीद करती है। हमें गलतियों से सीखकर आगे बढ़ना चाहिए। ऐसा नहीं कि गलती होने पर अफसोस करने में ही सारा समय व्यर्थ कर दें। मैंने यहाँ पर तुम्हें आगे के कायर्ों के लिए शुभकामनाएँ देने के लिए बुलाया था। मेरी शुभकामनाएँ तुम्हारे साथ हैं। अब तुम अपना काम शुरू कर सकते हो।" यह सुनकर युवा एक्जीक्यूटिव दोगुने उत्साह के साथ अपनी सीट पर आकर बैठ गया और कंपनी को सफल बनाने के लिए नई योजनाएँ बनाने लगा।

हर व्यक्ति को कोशिश यही करनी चाहिए कि वह कार्य को सोच-समझकर करे। अगर फिर भी गलती हो जाए तो उससे टूटे नहीं, घबराए नहीं। ऐसे में व्यक्ति को अपने आत्मविश्वास और आशा का साथ कभी नहीं छोड़ना चाहिए। रिचर्ड हूकर कहते हैं, "इनसान तब टूटता है, जब वह खुद से हार जाता है। अगर दुनिया की बात करें, तो वह तुम्हें तब तक नहीं हरा सकती, जब तक कि तुम खुद से न हार जाओ। इसलिए हमेशा अपनी हिम्मत बनाए रखो।"

यूनिवर्सिटी ऑफ वेस्टर्न ओन्टारियो की प्रोफेसर कहती हैं कि असफलताएँ जीवन का हिस्सा हैं। इसी तरह गलतियाँ भी व्यक्ति से ही होती हैं। अकसर व्यक्ति जीवन में आई निराशा और गलतियों से स्वयं को हीन समझकर मिसफिट समझने लगते हैं। यदि वे ऐसी सोच से बचें तो अपने कार्य में जोश और उत्साह से हर कार्य को सफलता और बेबाकी से कर सकते हैं।"

सुनार सोने को आग में तपाकर और अधिक निखारता है, इसी तरह कुम्हार अपने आवाँ में बरतनों को तब तक पकाता है, जब तक कि वे मजबूत नहीं हो जाते। यदि सोने और बरतनों को आग में न तपाया जाए तो ये मजबूत नहीं हो सकते, उसी तरह व्यक्ति भी गलतियों से सीखकर ही मजबूत बनता है, अपनी एक पहचान बनाता है। आप स्वयं को इतना मजबूत बनाएँ कि कि गलतियाँ आपसे डरने लगें, आप गलतियों से नहीं। ऐसा संभव है, बस उसके लिए स्वयं में थोड़ा आत्मविश्वास, प्रयास और जीत का अहसास होना चाहिए।

□

आत्मसुझाव से निखारें स्वयं को

एक-दूसरे को सुझाव देना लोग अपना हक समझते हैं, वहीं खुद को सुझाव देना वे जरूरी नहीं समझते, जबकि व्यक्ति की सफलता और प्रगति का सूचक आत्मसुझाव ही है। आत्मसुझाव यानी खुद को किसी निश्चित और विशिष्ट बात का सुझाव देना। व्यक्ति जब परेशानी, पीड़ा और तनाव के दौर से गुजर रहा होता है तो उस समय वह अपनी चेतना खो देता है। डॉ. जोसेफ मर्फी ने अपनी पुस्तक 'द पावर ऑफ योर सबकोन्शियस माइंड' में लिखा है कि चिंता, असफलता और तनाव के समय आत्मसुझाव व्यक्ति को हर परेशानी से उभारने में सहयोग करता है। ऐसे समय अपने शरीर को ढीला छोड़कर आँखें बंद कर लें और स्वयं से बार-बार कहें कि आप असफलता को जल्दी ही सफलता में बदल देंगे। जब यह आत्मसुझाव व्यक्ति के अवचेतन मन में छप जाएगा तो कुछ ही समय में सफलता व्यक्ति की दासी बन जाएगी। हाँ, यह ध्यान अवश्य रखें कि आत्मसुझाव सदैव सकारात्मक हो, क्योंकि सकारात्मक रूप में यह अद्‌भुत और बेहतरीन है। नकारात्मक रूप में यह मस्तिष्क की प्रतिक्रिया के सभी प्रतिमानों में सबसे विध्वंसात्मक है। हर व्यक्ति के अंदर अंदरूनी डर, मान्यताएँ व अपनी राय होती है। ये अंदरूनी मान्यताएँ व्यक्ति के जीवन को नियंत्रित करती हैं। यदि सकारात्मक आत्मसुझाव को व्यक्ति अपने जीवन का एक अंग बना ले तो उसके अवचेतन मन की शक्तियाँ सुझाव की प्रकृति के अनुरूप काम करने लगती हैं।

भोवाडिसन डेनमार्क के बहुत प्रसिद्ध मूर्तिकार थे। उनकी कलाकृतियों को देखकर लोग दाँतों तले उँगलियाँ दबा लेते थे। जब भी उनकी मूर्तियों की प्रदर्शनी लगती तो ऐसा प्रतीत होता था कि मूर्तियाँ चलने लगेंगी या बातें करने लगेंगी। उनकी सजीव मूर्तिकला से हर व्यक्ति प्रभावित था। एक बार वे एक मूर्ति संस्थान में गए। वहाँ पर विद्यार्थी उनको घेरकर बैठ गए और उनसे तरह-तरह के सवाल करने लगे। कई विद्यार्थियों ने उनके हस्ताक्षर लिये। एक विद्यार्थी बोला, "सर, आपकी कला ने ही मुझे भी मूर्तिकला सीखने को प्रेरित किया। मैं आपकी कला से बेहद प्रभावित

हूँ। आप मेरे गुरु हैं। मैं आपसे बस एक बात जानना चाहता हूँ।" भोवाडिसन बोले, "कहो, क्या जानने की इच्छा है?" विद्यार्थी बोला, "सर, आपके गुरु कौन हैं और आपने किससे सीखकर इस विद्या में इतनी प्रवीणता प्राप्त की?" विद्यार्थी की बात सुनकर भोवाडिसन मुसकराए और बोले, "तुमने बहुत अच्छा प्रश्न किया है। तुम सबको यह जानकर हैरानी होगी कि मेरे गुरु आत्म-समीक्षक, आत्मसुझाव और आत्मसुधार रहे हैं। आत्मसुझाव ही मेरा विद्यालय रहा है। मैंने हमेशा ही अपनी कृतियों में त्रुटि खोजी और अधिक उपयुक्त बनाने के लिए जो समझ में आया, मैंने उसे अविलंब अपनाया। मुझे लगता है कि आत्मसुझाव के अवलंबन को अपनाकर कोई भी व्यक्ति सफलता के शिखर पर पहुँच सकता है।"

व्यक्ति के शांत और सृजनात्मक आत्मसुझाव उसे कामयाबी की ओर प्रेरित करते हैं। डॉ. ए.पी.जे. अब्दुल कलाम का कहना था, "मैं स्वयं आत्मसुझाव एवं समृद्धि की कद्र करता हूँ। आत्मसुझाव एवं समृद्धि अपने साथ सुरक्षा तथा आत्मविश्वास लाती है।" व्यक्ति को अधिकतर काम में असफलता तब मिलती है, जब वह यह सोचता है कि पता नहीं वह काम कर पाएगा अथवा नहीं या कहीं वह फेल तो नहीं हो जाएगा। इन बातों को मन में सोचने से पहले व्यक्ति को यह जानना चाहिए कि अनचाहे ही ऐसा करके वह अपने अवचेतन मन में नकारात्मक आत्मसुझाव बो देता है, जिसका परिणाम उसे असफलता के रूप में मिलता है।

अपने अवचेतन मन में हमेशा सकारात्मक और अच्छी भावनाओं का विकास करें। सद्भाव, सद्विचार जब व्यक्ति के अंतर्मन में स्थापित हो जाते हैं तो वह आत्मसुझाव से न सिर्फ स्वयं को सबल बना लेता है, बल्कि अपने इर्द-गिर्द रहने वाले हर व्यक्ति को सबल बना लेता है। ऐसा व्यक्ति समस्याओं, परेशानियों व तनाव से टूटता नहीं है। वैसे भी रिचर्ड हूकर कहते हैं, "इनसान तब टूटता है, जब वो खुद से हार जाता है। अगर दुनिया की बात करें, तो वह तुम्हें तब तक नहीं हरा सकती, जब तक कि तुम खुद से न हार जाओ। इसलिए हमेशा अपनी हिम्मत बनाए रखो।" कई बार हम सभी दूसरे लोगों को बड़ी बेसब्री से सुझाव देने को तैयार रहते हैं, वहीं अपने कार्य को करते समय हम यह सोचते हैं कि हम तो सदैव सही हैं। यही भावना गलती कराती है, इसी भावना को आत्मसुझाव में परिवर्तित करने की आवश्यकता है। जब हम कोई भी कार्य करें, किसी भी समस्या का सामना करें तो ऐसे में जरूरी है कि दूसरों के सुझावों को जानने और सुनने के साथ अपने आत्मसुझाव का भी आकलन करें। आत्मसुझाव प्राप्त करके व्यक्ति न सिर्फ समस्या का समाधान श्रेष्ठ तरीके से कर सकता है, बल्कि वह कार्य को भी सफलतापूर्वक

पूर्ण कर सकता है। आत्मसुझाव के माध्यम से जब सफलता आपकी दासी बन जाएगी तो अनेक लोग आपके मित्र बन जाएँगे। उन्हें भी आत्मसुझाव की शक्ति का अनुभव होगा। धीरे-धीरे कुछ लोग तो आत्मसुझाव को अपने जीवन का एक अंग भी बना लेंगे। ऐसा करने से गलतियाँ और अपराधों में कमी आएगी। इस तरह जब आत्मसुझाव अनेक लोगों के जीवन का अंग बन जाएगा तो जीवन सुंदरतम, सफल और शुभ बन जाएगा।

आपके पास आत्मसुझाव से जीतने की शक्ति है। इसलिए इसके माध्यम से जिंदगी चुनें ! सेहत चुनें ! कामयाबी चुनें। आत्मसुझाव को अपनाकर जीवन के सुंदर पथ पर चलते हुए ऐसी राह चुनें, जो समाज व देश को नई दशा और दिशा प्रदान करे।

□□□